Thank YOU for purchasing
"D@mn! Where's My Relaxing Adult Activity Book?"
We at Lyfe Divine Press do not take your patronage for granted and know you could have chosen any other activity book, but YOU CHOSE US. (You like us!)

If possible, could you take a couple of minutes to tell other puzzle enthusiasts about your experience.
We appreciate YOU very much!

Thank you, Again!

"D@mn! Where's My Relaxing Adult Activity Book?"

Table of Contents

(What's inside?)

Crossword Puzzle Instructions
10 + 2 Bonus Puzzles

Fill in the white squares with the answer based on clues for each word or words.

It's the perfect way to improve your critical thinking skills, increase your vocabulary and learn new and interesting facts, especially on current "Pop Culture" (wink, wink)

Some you will know immediately.
Some you may have to ask a smart friend if they know.
Some you may decide to look up in a dictionary or thesaurus.

Either way just
ENJOY!

Across

1. Limited to only one person
2. Showing much knowledge
3. Habit of talking a lot
4. Not guilty of aparticular crime
5. Not bitter or salty
6. Revealing
7. No water or other liquid in
8. Harmed or spoiled
9. Unhappy or sorry
10. Fact that everyone knows
11. "You can't handle the_____________."

Down

12. Develop
13. Happening or done quickly and without warning
14. Not dirty
15. Not excited
16. Extremely surprising, very good, extremely surprised
17. A foolish idea
18. On or onto a ship, aircraft, bus, or train
19. Attractive in appearance
20. "Planet Her", Grammy featured artist on "Elvis" soundtrack
21. "Dude, where's my__________."
22. model/actress/mogul, Dancing With the Stars host
23. Not armed

Across

1. scarcity, a lacking of
2. rest to sit or stand in a lazy way hang (dog's tongue)
3. way out exit
4. get someone to do an action by kindness
5. novice, beginner, young solider
6. formal reception/embankment

Down

7. out of view ready to attack
8. catalyst
9. primitive, unspoiled, pure as in earlier times, unadulterated
10. make a lower bid then someone else
11. lawful, forbidden
12. Billionaire mogul, Robyn from Barbados, beauty icon

Across

1. elation state of pleasant excitement, Emmy award winning show title
2. little known, abstruse
3. formal reception/embankment
4. splitting or division (esp. of cells)
5. late night comedian/host, known for musical skits & games
6. snub
7. novice, beginner, young solider

Down

8. Oscar winning actor,seranded Serena Williams with song "Can I be your tennis ball"
9. way out exit
10. hastily write
11. suffer the loss of something, esp. in games
12. rest to sit or stand in a lazy way hang (dog's tongue)
13. coming into existence emerging
14. rebel, nonconformist

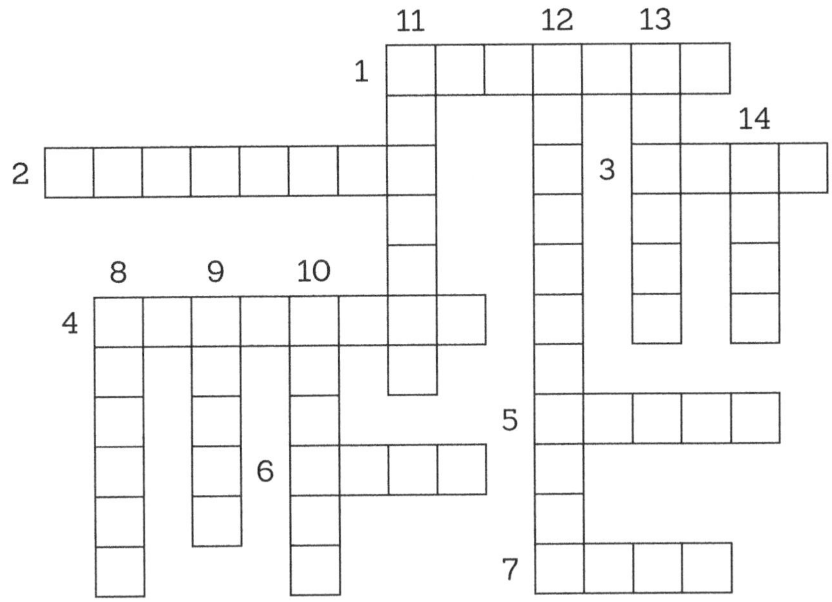

Across

1. Houston-bred singer/songwriter/actress, Child of Destiny, "You won't break my soul"
2. calling of names
3. crack, dissension,split
4. careful, prudent
5. silly, senseless
6. affirm assert prove justify
7. British name of the band and the singer, "Soldier of Love"

Down

8. shortage
9. to be thrifty to set limits
10. take back as being false give up
11. give greatly needed support
12. expressing scorn or criticism, scorn or reproach
13. "WAP" New York chart topping rapper, interviewed Bernie Sanders
14. worry, irritation, wear away

Across

1. talk excitedly utter rapidly
2. well-suited, quick-witted
3. observation tower in Seattle
4. defying imitation unmatchable
5. become quiet or less active
6. lack of reverence or dutifulness
7. annul, cancel, repeal
8. diseased unhealthy (e.g.. about ideas)

Down

9. lazy slow-moving person
10. USS memorial marking the resting place of sailors and Marines killed during the Pearl Harbor Attack
11. present but not yet active developed or visible
12. state of being balanced
13. Cliff Booth in"Once Upon a Time in Hollywood", role won his first supporting acting Oscar
14. waging war (person or nation)

Across

1. crime of killing a king
2. consider to be the origin of or belonging to
3. actor known for "Top Gun" & "Top Gun:Maverick"
4. covered hole as a trap unsuspected danger
5. omen sign
6. courage turn frightened
7. "The Woman King", Tony, Oscar and Emmy winner
8. put, pour, fill
9. gibe, make fun of

Down

10. primitive, unspoiled, pure as in earlier times, unadulterated
11. snub
12. rest to sit or stand in a lazy way hang (dog's tongue)
13. formal reception/embankment
14. get someone to do an action by kindness
15. very great (es. stupidity)
16. way out exit

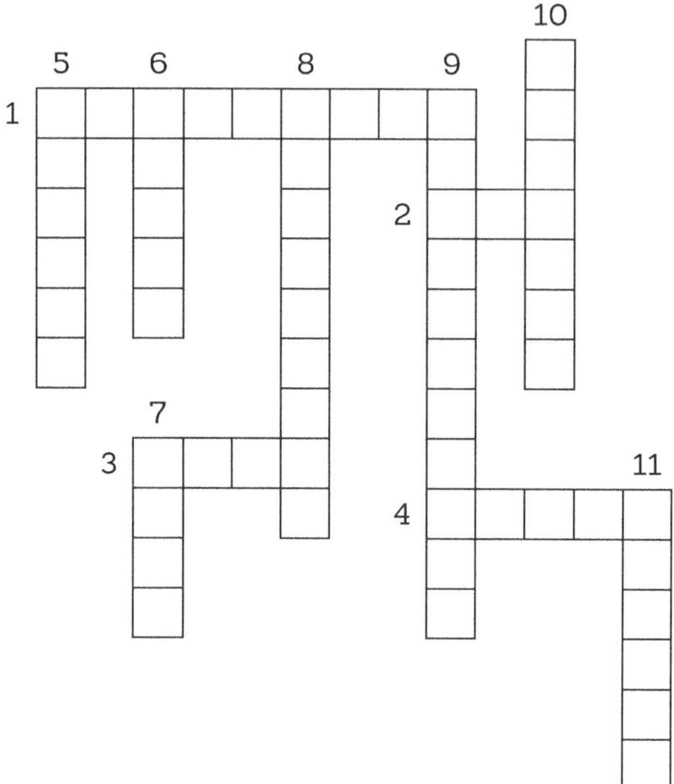

Across

1. unaware having no memory
2. trouble, be ill
3. rest to sit or stand in a lazy way hang (dog's tongue)
4. Degrassi: The Next Generation actor turned rapper, "Take Care"

Down

5. blunt/stupid
6. Emmy & Grammy artist, "It's About Damn Time" Sheesh
7. move along with long strides
8. irritable, easily angered
9. observation tower in Seattle
10. actor known for being a spider,man; had a great 2021 & 2022 box office run
11. catalyst

14 16

1

2

3

4

12 17 18

6 5

11 13 15

7 19

8

9

10

Across

1. having plenty of space for what is needed
2. health of mind, soundness of judgement
3. offensive disgusting (smell)
4. villianous, odious (of crime)
5. blunt/stupid
6. affirm assert prove justify
7. comedian turned horror / sci-fi filmmaker & director, "Get Out"
8. trouble, be ill
9. easily understood, lucid, clear
10. careful, prudent

Down

11. To add explicit cursing to your Echo dot, then order this actor's distinctive voice for $4.99
12. proud, superior manner of behavior
13. make worse irritate
14. "WAP" New York chart topping rapper, interviewed Bernie Sanders
15. magnificent
16. cynic, hater, lonewolf, person who hates mankind
17. oppose to alcohol
18. seedy, foul, filthy, sordid
19. move along with long strides

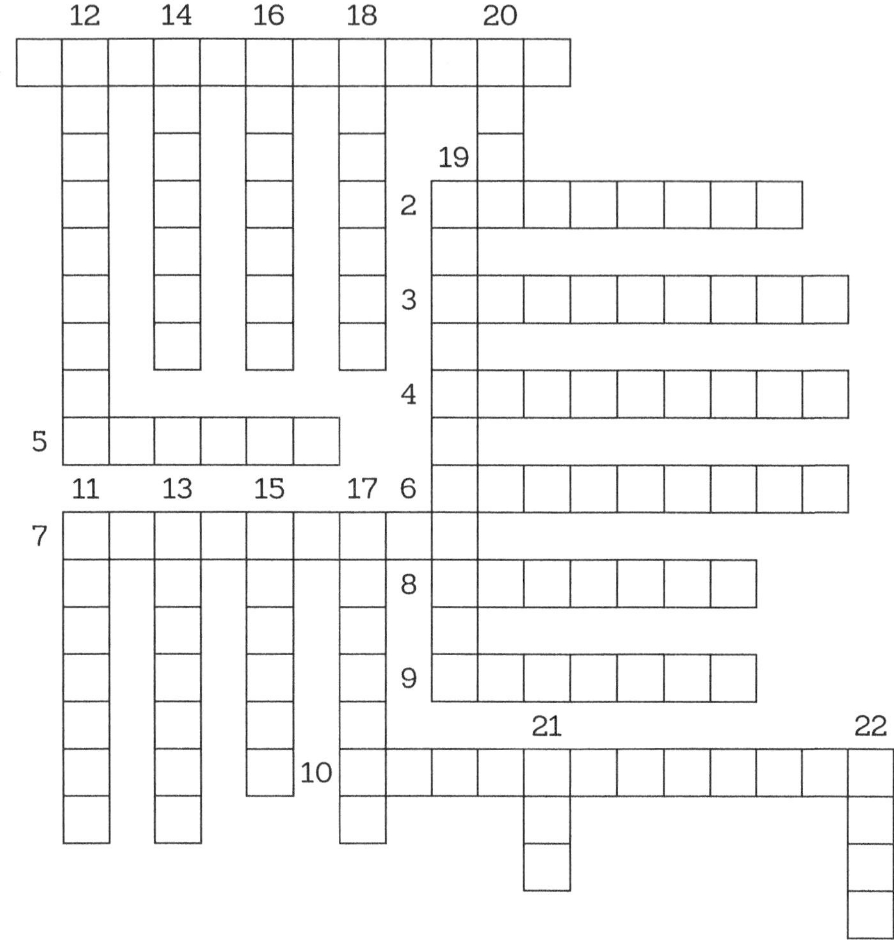

Across

1. Natural wonder of the world, in Canada and New York; Buffalo is only 16 miles away
2. lazy slow-moving person
3. penance, amends, expiation
4. making dear or liked
5. obstruct, frustrate
6. get rid of pull up by the roots
7. watchfulness, self-appointed group who maintain order
8. see with an effort but clearly
9. steady, regular
10. easy-going trifle

Down

11. loud domineering woman, a scold or nag
12. often repeated continual
13. Grammy winning British band name and 1st book of the Bible
14. to deny to oppose
15. show feel great sorrow
16. annul, cancel, repeal
17. harmful, poisonous, extremely unpleasant
18. finical, cautious, prudish
19. observation tower in Seattle
20. become quiet or less active
21. shy or modest (esp of a girl)
22. show much fondness, center one's attention

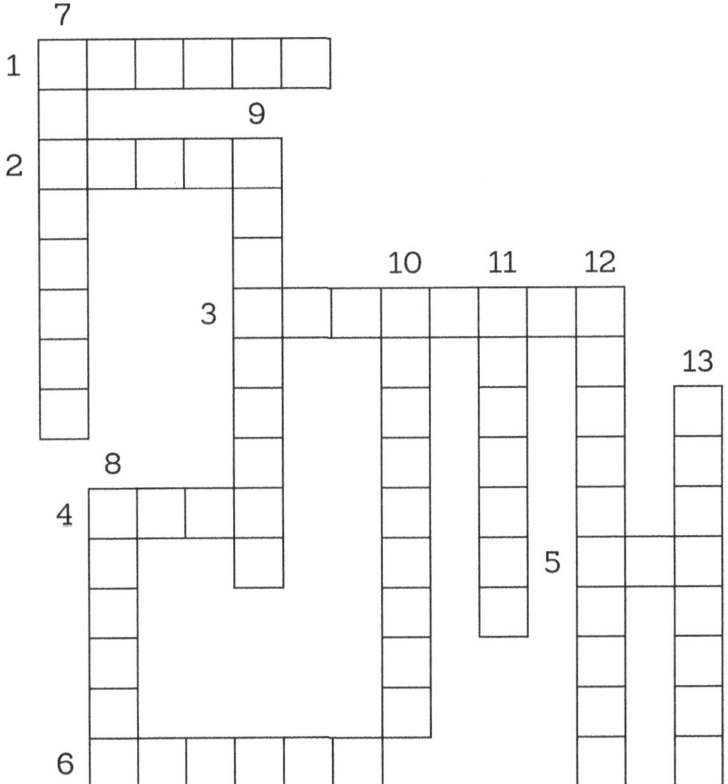

Across

1. blunt/stupid
2. very great (es. stupidity)
3. rebel, nonconformist
4. rest to sit or stand in a lazy way hang (dog's tongue)
5. trouble, be ill
6. tempt or persuade

Down

7. blocked up
8. frontman and singer of Maroon 5
9. briefly without delay
10. making dear or liked
11. lack of reverence or dutifulness
12. "Nope" actress, singer & tv personality
13. lessen the severity of

Across

1. make angry vax
2. coming into existence emerging
3. tempt or persuade
4. crack, dissension,split
5. to deny to oppose
6. rest to sit or stand in a lazy way hang (dog's tongue)
7. actor known for being a pirate, weirdest court case of 2022 with him the victor

Down

8. agreeably pungent stimulating
9. blocked up
10. "You Get a Car& You Get a Car!", actress, producer, media mogul, Billionaire
11. move along with long strides
12. making dear or liked
13. trouble, be ill
14. health of mind, soundness of judgement

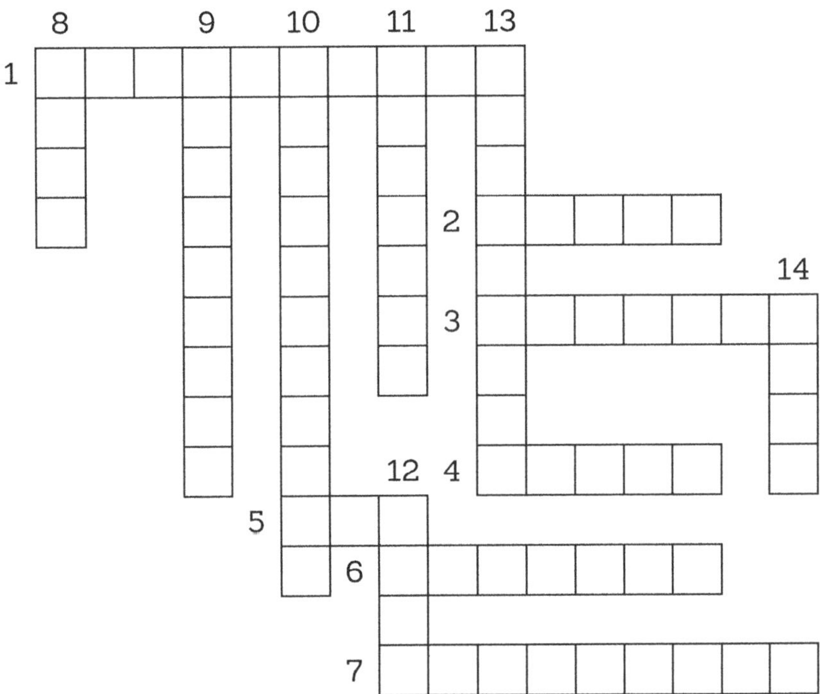

Across

1. Newly cemented Emmy winner Sheryl Lee Ralph's Broadway musical
2. Im gonna make him an _________ he cant refuse.
3. actor known for being a spiderman; great 2021/2022 box office run
4. "You can't handle the_____________."
5. "Dude, where's my__________."
6. hell, blaze, conflagration
7. model/actress/mogul, Dancing With the Stars host

Down

8. "I see_________people."
9. brutal racial discrimination, known in South Africa 1960 - 1994
10. monument representing Jefferson's expansion dream
11. danced with Michael Jackson in Pepsi commerical, Funniest Videos & DWTS host
12. crack, dissension,split
13. person who flatter to the rich and powerful
14. "Frankly, my dear, I don't give a __________."

Solutions

Crossword Puzzle

	12		14		15		17		19									
1	e	x	c	l	u	s	i	v	e									
	r		l		n		d	2	l	e	a	r	n	e	d			
	e		e		i		i		e							23		
	c		a		n		o	3	g	a	r	r	u	l	o	u	s	
	t		n		t		t		a		21			22		n		
					e	4	i	n	n	o	c	e	n	t		a		
		13			r		c		t		a			y		r		
	5	s	w	e	e	t					r			r		m		
		u			s									a		e		
		d		6	t	e	l	l	i	n	g			b	7	d	r	y
		d			e	16		18			20			a				
		e		8	d	a	m	a	g	e	d			n				
		n				m		b			o			k				
						a		o			j		9	s	a	d		
						z		a			a							
						i		r		10	c	o	m	m	o	n		
						n		d			a							
						g				11	t	r	u	t	h			

Across

1. Limited to only one person
2. Showing much knowledge
3. Habit of talking a lot
4. Not guilty of aparticular crime
5. Not bitter or salty
6. Revealing
7. No water or other liquid in
8. Harmed or spoiled
9. Unhappy or sorry
10. Fact that everyone knows
11. "You can't handle the____________."

Down

12. Develop
13. Happening or done quickly and without warning
14. Not dirty
15. Not excited
16. Extremely surprising, very good, extremely surprised
17. A foolish idea
18. On or onto a ship, aircraft, bus, or train
19. Attractive in appearance
20. "Planet Her", Grammy featured artist on "Elvis" soundtrack
21. "Dude, where's my_________."
22. model/actress/mogul, Dancing With the Stars host
23. Not armed

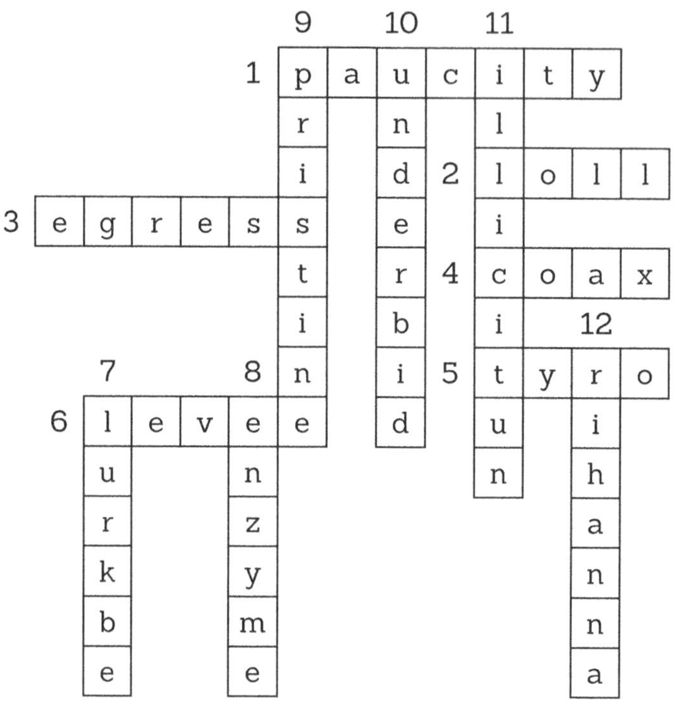

Across

1. scarcity, a lacking of
2. rest to sit or stand in a lazy way hang (dog's tongue)
3. way out exit
4. get someone to do an action by kindness
5. novice, beginner, young solider
6. formal reception/embankment

Down

7. out of view ready to attack
8. catalyst
9. primitive, unspoiled, pure as in earlier times, unadulterated
10. make a lower bid then someone else
11. lawful, forbidden
12. Billionaire mogul, Robyn from Barbados, beauty icon

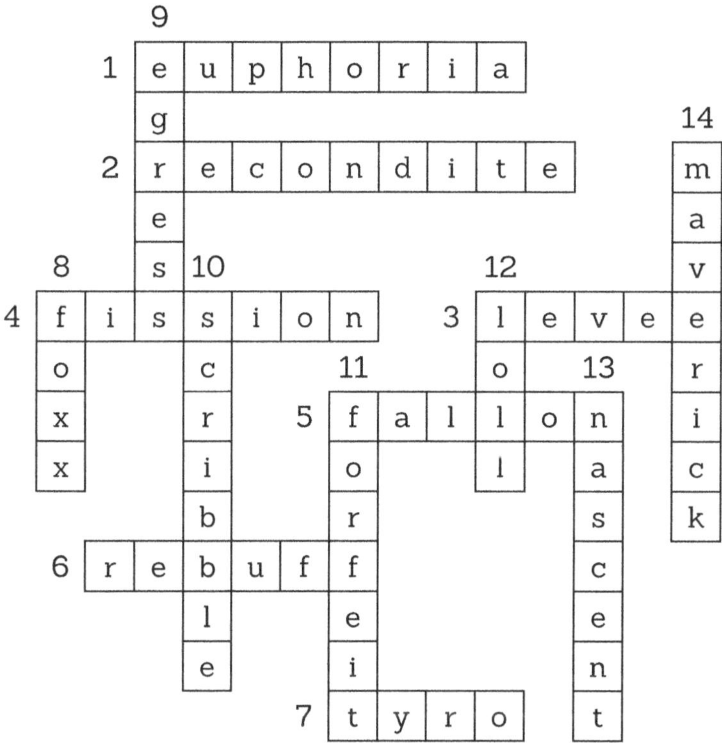

Across

1. elation state of pleasant excitement, Emmy award winning show title
2. little known, abstruse
3. formal reception/embankment
4. splitting or division (esp. of cells)
5. late night comedian/host, known for musical skits & games
6. snub
7. novice, beginner, young solider

Down

8. Oscar winning actor,seranded Serena Williams with song "Can I be your tennis ball"
9. way out exit
10. hastily write
11. suffer the loss of something, esp. in games
12. rest to sit or stand in a lazy way hang (dog's tongue)
13. coming into existence emerging
14. rebel, nonconformist

								11			12		13			
							1	b	e	y	o	n	c	e		
								o			p		a		14	
2	r	o	l	l	c	a	l	l			p	3	r	i	f	t
								s			r		d		r	
		8		9		10		t			o		i		e	
	4	d	i	s	c	r	e	e	t		b		b		t	
		e		t		e		r			r					
		a		i		c				5	i	n	a	n	e	
		r		n	6	a	v	e	r		o					
		t		t		n					u					
		h				t				7	s	a	d	e		

Across

1. Houston-bred singer/songwriter/actress, Child of Destiny, "You won't break my soul"
2. calling of names
3. crack, dissension,split
4. careful, prudent
5. silly, senseless
6. affirm assert prove justify
7. British name of the band and the singer, "Soldier of Love"

Down

8. shortage
9. to be thrifty to set limits
10. take back as being false give up
11. give greatly needed support
12. expressing scorn or criticism, scorn or reproach
13. "WAP" New York chart topping rapper, interviewed Bernie Sanders
14. worry, irritation, wear away

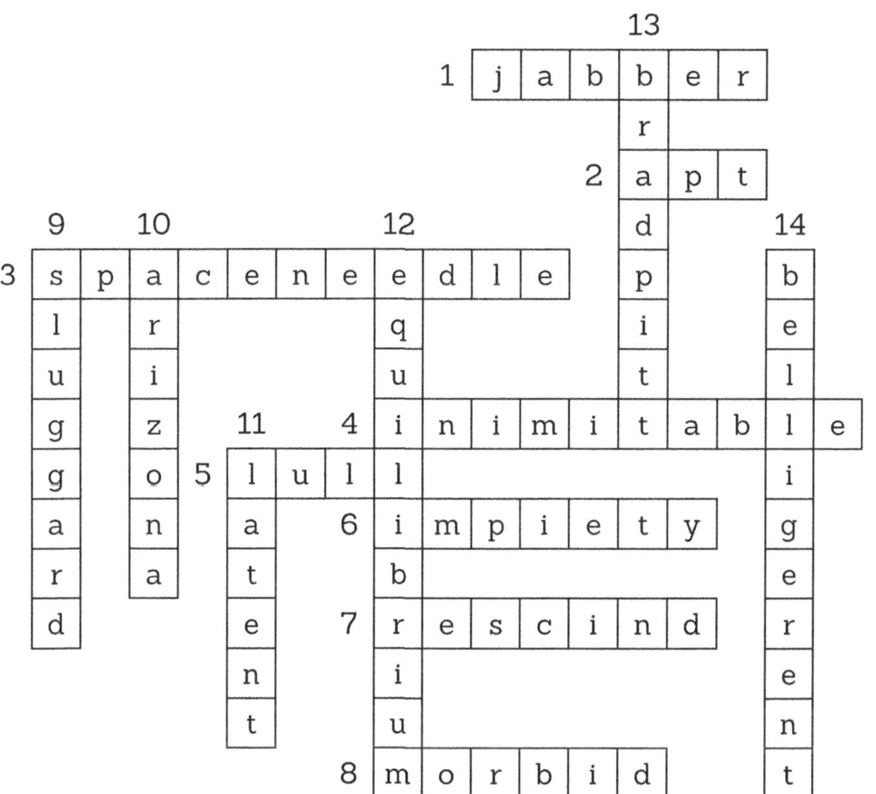

Across

1. talk excitedly utter rapidly
2. well-suited, quick-witted
3. observation tower in Seattle
4. defying imitation unmatchable
5. become quiet or less active
6. lack of reverence or dutifulness
7. annul, cancel, repeal
8. diseased unhealthy (e.g.. about ideas)

Down

9. lazy slow-moving person
10. USS memorial marking the resting place of sailors and Marines killed during the Pearl Harbor Attack
11. present but not yet active developed or visible
12. state of being balanced
13. Cliff Booth in"Once Upon a Time in Hollywood", role won his first supporting acting Oscar
14. waging war (person or nation)

				11				14									
			1	r	e	g	i	c	i	d	e						
				e				o									
				b			2	a	s	c	r	i	b	e			
				u				x		15							
	10			f			12		3	c	r	u	i	s	e		16
4	p	i	t	f	a	l	l			r							e
	r						o		5	a	u	g	u	r	y		g
	i						l	13		s							r
	s	6	q	u	a	i	l	l	o	s	e						e
	t							e									s
8	i	n	f	u	s	e	7	v	i	o	l	a	d	a	v	i	s
	n							e									
	e				9	j	i	b	e								

Across

1. crime of killing a king
2. consider to be the origin of or belonging to
3. actor known for "Top Gun" & "Top Gun:Maverick"
4. covered hole as a trap unsuspected danger
5. omen sign
6. courage turn frightened
7. "The Woman King", Tony, Oscar and Emmy winner
8. put, pour, fill
9. gibe, make fun of

Down

10. primitive, unspoiled, pure as in earlier times, unadulterated
11. snub
12. rest to sit or stand in a lazy way hang (dog's tongue)
13. formal reception/embankment
14. get someone to do an action by kindness
15. very great (es. stupidity)
16. way out exit

											10		
	5		6			8			9		h		
1	o	b	l	i	v	i	o	u	s		o		
	b		i			r			p		l		
	t		z			a		2	a	i	l		
	u		z			s			c		a		
	s		o			c			e		n		
	e					i			n		d		
			7			b			e				
		3	l	o	l	l			e				11
			o			e		4	d	r	a	k	e
			p						l				n
			e						e				z
													y
													m
													e

Across

1. unaware having no memory
2. trouble, be ill
3. rest to sit or stand in a lazy way hang (dog's tongue)
4. Degrassi: The Next Generation actor turned rapper, "Take Care"

Down

5. blunt/stupid
6. Emmy & Grammy artist, "It's About Damn Time" Sheesh
7. move along with long strides
8. irritable, easily angered
9. observation tower in Seattle
10. actor known for being a spider,man; had a great 2021 & 2022 box office run
11. catalyst

								14			16						
							1	c	o	m	m	o	d	i	o	u	s
								a			i						
								r		2	s	a	n	i	t	y	
								d			a						
								i		3	n	o	i	s	o	m	e
								b			t						
										4	h	e	i	n	o	u	s
					12						r		17		18		
				6	a	v	e	r		5	o	b	t	u	s	e	
			11		r		13		15		p		e		q		
		7	j	o	r	d	a	n	p	e	e	l	e		u		19
			a		o		g		a				t	8	a	i	l
			c		g		g		l				o		l		o
			k		a		r		a				t		i		p
			s		n		a		t				a		d		e
			o		c		v		i				l				
			n		e		a		a								
							t	9	l	u	c	u	l	e	n	t	
10	d	i	s	c	r	e	e	t									

Across

1. having plenty of space for what is needed
2. health of mind, soundness of judgement
3. offensive disgusting (smell)
4. villianous, odious (of crime)
5. blunt/stupid
6. affirm assert prove justify
7. comedian turned horror / sci-fi filmmaker & director, "Get Out"
8. trouble, be ill
9. easily understood, lucid, clear
10. careful, prudent

Down

11. To add explicit cursing to your Echo dot, then order this actor's distinctive voice for $4.99
12. proud, superior manner of behavior
13. make worse irritate
14. "WAP" New York chart topping rapper, interviewed Bernie Sanders
15. magnificent
16. cynic, hater, lonewolf, person who hates mankind
17. oppose to alcohol
18. seedy, foul, filthy, sordid
19. move along with long strides

		12		14		16		18			20								
1	n	i	a	g	a	r	a	f	a	l	l	s							
		n		a		e		i			u								
		c		i		s		n		19	l								
		e		n		c		i	2	s	l	u	g	g	a	r	d		
		s		s		i		c		p									
		s		a		n		k	3	a	t	o	n	e	m	e	n	t	
		a		y		d		y		c									
		n							4	e	n	d	e	a	r	i	n	g	
	5	t	h	w	a	r	t			n									
		11		13		15		17	6	e	r	a	d	i	c	a	t	e	
	7	v	i	g	i	l	a	n	c	e									
		i		e		a		o	8	d	i	s	c	e	r	n			
		r		n		m		x		l									
		a		e		e		i	9	e	q	u	a	b	l	e			
		g		s		n		o				21							22
		o		i		t	10	u	n	e	n	c	u	m	b	e	r	e	d
		a		s				s				o							o
												y							t
																			e

Across

1. Natural wonder of the world, in Canada and New York; Buffalo is only 16 miles away
2. lazy slow-moving person
3. penance, amends, expiation
4. making dear or liked
5. obstruct, frustrate
6. get rid of pull up by the roots
7. watchfulness, self-appointed group who maintain order
8. see with an effort but clearly
9. steady, regular
10. easy-going trifle

Down

11. loud domineering woman, a scold or nag
12. often repeated continual
13. Grammy winning British band name and 1st book of the Bible
14. to deny to oppose
15. show feel great sorrow
16. annul, cancel, repeal
17. harmful, poisonous, extremely unpleasant
18. finical, cautious, prudish
19. observation tower in Seattle
20. become quiet or less active
21. shy or modest (esp of a girl)
22. show much fondness, center one's attention

	7													
1	o	b	t	u	s	e								
	c				9									
2	c	r	a	s	s									
	l				u									
	u				m			10		11		12		
	d			3	m	a	v	e	r	i	c	k		
	e				a			n		m		e		13
	d				r			d		p		k		p
		8			i			e		i		e		a
	4	l	o	l	l			a		e		p		l
		e			y			r		t	5	a	i	l
		v						i		y		l		i
		i						n				m		a
		n						g				e		t
	6	e	n	t	i	c	e					r		e

Across

1. blunt/stupid
2. very great (es. stupidity)
3. rebel, nonconformist
4. rest to sit or stand in a lazy way hang (dog's tongue)
5. trouble, be ill
6. tempt or persuade

Down

7. blocked up
8. frontman and singer of Maroon 5
9. briefly without delay
10. making dear or liked
11. lack of reverence or dutifulness
12. "Nope" actress, singer & tv personality
13. lessen the severity of

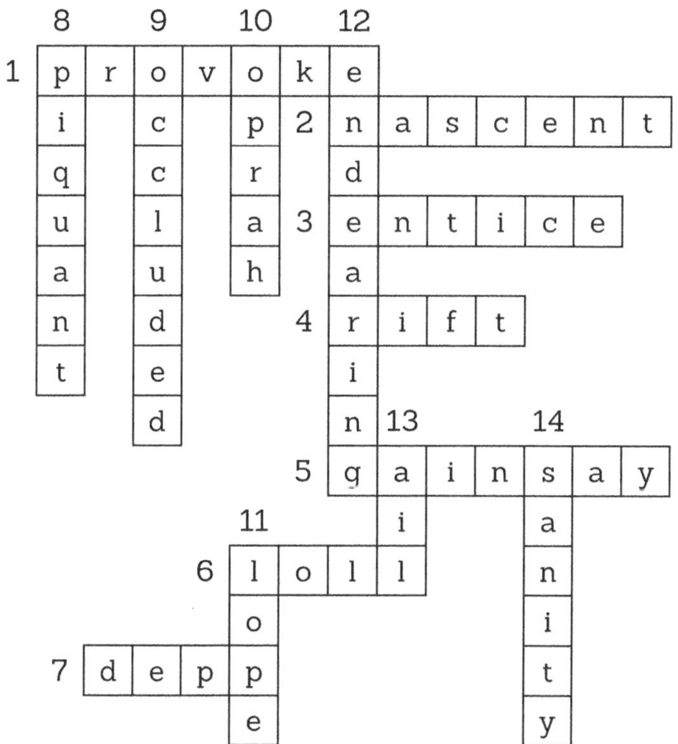

Across

1. make angry vax
2. coming into existence emerging
3. tempt or persuade
4. crack, dissension,split
5. to deny to oppose
6. rest to sit or stand in a lazy way hang (dog's tongue)
7. actor known for being a pirate, weirdest court case of 2022 with him the victor

Down

8. agreeably pungent stimulating
9. blocked up
10. "You Get a Car& You Get a Car!", actress, producer, media mogul, Billionaire
11. move along with long strides
12. making dear or liked
13. trouble, be ill
14. health of mind, soundness of judgement

	8			9		10		11		13						
1	d	r	e	a	m	g	i	r	l	s						
	e			p		a		i		y						
	a			a		t		b		c						
	d			r		e		e	2	o	f	f	e	r		
				t		w		i		p						14
				h		a		r	3	h	o	l	l	a	n	d
				e		y		o		a						a
				i		a				n						m
				d		r		12	4	t	r	u	t	h		n
					5	c	a	r								
						h	6	i	n	f	e	r	n	o		
								f								
							7	t	y	r	a	b	a	n	k	s

Across

1. Newly cemented Emmy winner Sheryl Lee Ralph's Broadway musical
2. Im gonna make him an _________ he cant refuse.
3. actor known for being a spiderman; great 2021/2022 box office run
4. "You can't handle the_____________."
5. "Dude, where's my__________."
6. hell, blaze, conflagration
7. model/actress/mogul, Dancing With the Stars host

Down

8. "I see_________people."
9. brutal racial discrimination, known in South Africa 1960 - 1994
10. monument representing Jefferson's expansion dream
11. danced with Michael Jackson in Pepsi commerical, Funniest Videos & DWTS host
12. crack, dissension,split
13. person who flatter to the rich and powerful
14. "Frankly, my dear, I don't give a __________."

Word Search Instructions

Search for the words that are provided at the bottom of the puzzle.

Do you want a hint?
If you do keep reading...if not go to the next page and start your Word Search.

***Hint:** In this puzzle, there are no diagonal (corner to corner) words.*

P	I	H	P	T	M	C	F	C	O	S	U	N	D	E	R	B	I	D
A	T	T	E	N	U	A	T	E	J	E	B	B	H	I	G	U	D	F
I	N	D	I	G	E	N	O	U	S	Q	C	I	F	M	Y	S	I	D
S	Y	C	O	P	H	A	N	T	U	U	H	D	L	A	U	H	S	C
Q	N	V	F	I	S	S	I	O	N	E	Z	W	M	A	G	R	S	R
U	V	A	J	D	Q	I	Y	Q	Q	N	P	W	I	N	C	E	O	A
I	F	B	I	R	Z	R	Z	F	W	C	C	J	N	O	Q	G	L	S
B	L	K	B	G	U	A	X	D	Q	E	C	I	W	V	F	I	U	S
B	O	T	E	A	L	S	Q	U	I	X	O	T	I	C	C	C	T	B
L	L	R	T	R	I	C	K	L	E	B	A	U	C	L	X	I	I	X
E	L	V	D	G	N	I	A	J	R	P	X	C	A	Q	M	D	O	B
D	W	D	U	K	V	B	P	R	I	S	T	I	N	E	G	E	N	K
W	R	H	N	C	S	L	F	L	C	A	N	T	I	D	O	T	E	E
J	N	Z	I	M	P	E	C	U	N	I	O	U	S	E	E	W	T	X
P	O	F	F	I	C	I	O	U	S	N	F	E	J	S	N	O	B	Y
Q	U	A	I	L	L	O	S	E	E	I	K	N	W	C	Z	F	H	I
Q	G	I	B	V	P	S	G	O	C	J	S	Q	I	R	Y	H	S	M
G	C	I	J	O	D	X	D	K	G	M	X	P	M	Y	M	R	M	B
V	G	A	A	E	P	I	N	N	O	C	U	O	U	S	E	N	L	L

OFFICIOUS, SYCOPHANT, SEQUENCE, UNDERBID,
WINCE, IRASCIBLE, ANTIDOTE, CRASS, COAX,
REGICIDE, PRISTINE, ATTENUATE, QUAILLOSE,
FISSION, DISSOLUTION, INNOCUOUS, TRICKLE,
DESCRY, IMPECUNIOUS, INDIGENOUS, QUIXOTIC,
JIBE, ENZYME, LOLL, QUIBBLE

L U G U B R I O U S D R S W M N B M L T
W L C U W U O C C L U D E D O R O D Q J
E L Z T G A S X R Y Y O I P C Z M B C V
I Z K E Z B E Z L K O C F D I V U L G E
D D S I Y H O K B L C N Z A O C B B D G
M L L V T O B S U R C H A R G E W V O N
L C Y P A R S I M O N I O U S G B I J O
B I C Y G T O V S A N G U I N E I B A O
J E M D R D L E V E E M X K P Y A S C Z
M E T T L E S O M E I E X O A E Y W A R
A C O A L E S C I N G L I I U N J W T E
B M V M M L U R K B E L A N C U I O J F
D P P F A L L O N D W I Z T I N U P P R
I R H R V Q W W U L P F A E T C P C S A
C S S V E Q S N D T H L C R Y I Z W P C
A T O Q R B R X G B Y U T D F A K J I T
T D E X I G E N C Y B O A I Y T L K H O
I I B R C T Y R O A M U I C T E D F J R
O O L X K F R A C A S S C T H X G N B Y
N A R P V U P E P R O P I T I A T O R Y

OCCLUDED, DIVULGE, LUGUBRIOUS, DOJACAT, PROPITIATORY, METTLESOME, ENUNCIATE, ABHOR, MAVERICK, MELLIFLUOUS, PAUCITY, EXIGENCY, PARSIMONIOUS, INTERDICT, ABDICATION, LURKBE, LEVEE, SURCHARGE, FRACAS, REFRACTORY, COALESCING, SANGUINE, TYRO, FALLON

W D E B A C L E I Q Z E P S R I O A L
A R A Z J Q U P F A C E T I O U S L G
G T A G B D O E I M B R O G L I O J K
G P P K C Q A N H G B F O F H Y K Z M
J Z A I O E G U H X I O N C R U I S E
Z E R X N F E R R N T R G S H E A T H
S F T P N F U I U M Q F F T R S K K V
R D H R O L H O J J N E A C E D V Y D
O V E E I U L U N R M I R O C Z R V Q
H T I C S V A S X X E T Y P O M T L N
Q I D U S I A A P R O P O S M R K I U
C V B R E A L N Q N T G T S P E E N N
Y H J S U P P L I A N T L C E C T E F
O W R O R N A S C E N T I R N O T P N
T P A R N E B U L O U S Z I S N T T F
R J X Y R E B U F F Q T Z B E D L I Q
K P I I F P Y Q D B H U O B D I Y T N
E U P H O R I A N P A J P L Q T H U T
G D E F E R P O S T X B D E N E A D T

APARTHEID, APROPOS, SHEATH, PENURIOUS, PRECURSORY, LIZZO, WAG, RECOMPENSE, IMBROGLIO, NEBULOUS, RECONDITE, DEBACLE, DEFERPOST, FORFEIT, INEPTITUD, EFFLUVIA, CRUISE, SUPPLIANT, EUPHORIA, REBUFF, CONNOISSEUR, SCRIBBLE, FACETIOUS, NASCENT

R R I Z E N D A Y A P X F P T E U V I U
Q O M S X I Q C R E D U L O U S E T Y Q
F Z P A U G U R Y A V L V K Q N U P I W
E J A P B F R I N G E S R B O M L E G G
K G S L T V Y U T D I S L O D G E N A K
N Q S A S C R I B E V V F T W I X G H H
R X I T P N F C W J M O L L I F Y R I I
Y U V I I M U L T I F A R I O U S O U S
S C E T N R H E E D G Y Q G H M O S S A
G A B U F D R V W M N G D J C V E S D S
K Y W D U O I L D O G Y V V I J B I E H
I V K E S R R P I T F A L L S I U N N L
N X Q W E K M C X S S T R I D E L G D O
V G E C F I L L I C I T U N K I L J I N
O A A U S P I C I O U S C Z L U I R A G
L Z V A J C U Z R Q J H B R S L E O T I
U C E G R E S S D F C D V T N W N R R Z
T N C O N S T R I C T B O E Q L T E I U
E C B M M G K C U M B E R S O M E U B R
I K C O W G E H S Z M Y Q E I R R L E J

PITFALL, AUSPICIOUS, ENGROSSING, INFUSE, ILLICITUN, INVOLUTE, MULTIFARIOUS, FRINGE, MOLLIFY, STRIDE, ASCRIBE, CUMBERSOME, IMPASSIVE, SASHLONG, AUGURY, DIATRIBE, DISLODGE, EGRESS, ZENDAYA, EBULLIENT, CREDULOUS, PLATITUDE, CONSTRICT

V V P K C N B F R E C I P R O C I T Y P
A F Z E U E L Q K E N S A T I A T E N X
R E Y C R O M C P F T H R A X H X Q C A
R R N S T P Y O A S P E R S I O N S E D
O V K B A H R N S G H E I N O U S I Y E
G O X H I Y I U Y A Z T J Z C D U O C N
A R T G L T N N M E R E T R I C I O U S
N D K G B E A D D S A N I T Y F I S M M
C R C Q X J N R E P F Z P B O Y G K Y I
E H M N V G E U L U E T W O R A N D Q Z
S A D E L I B M U R L H U L Q F O T U E
G F C O R D O N G V I E I S I K M E M R
V V C O N S U M E E C N X T X P I E R Y
P U F D K F O G V Y I K H E P I N T Q Q
R Q U O T I D I A N T C Q R J Q I O H X
J R K W T R C M C Q O Y K T E U O T C C
D Q N U G A T O R Y U B A S Z A U A F X
T D E N I G R A T E S A K Q C N S L I P
J Q P O N E J W S R F N E V T T Q E Y B
V W J U T C G E X L G Q U N F T T Z B W

SANITY, FELICITOUS, BOLSTER, NUGATORY, IGNOMINIOUS, CONSUME, ASPERSION, CONUNDRUM, QUOTIDIAN, MERETRICIOUS, CORDON, PURVEY, NEOPHYTE, INANE, DELUGE, PIQUANT, DENIGRATE, HEINOUS, TEETOTAL, FERVOR, RECIPROCITY, SADE, CURTAIL, ARROGANCE, SATIATE

Z N X B L A C K P A N T H E R A A B B E I X
Q N T C H J C N W U P C Q R R G N R M W M A
Q S B Q S S H E G Y K D V U J G I E A F P O
U Z U Z H O B L I V I O U S R R M P U I E Y
H Y V I T I A T E D F G D A A A O R L Z R P
V K S U M M A R I L Y N L C E V S O H Y V J
N M Y U P E P J Q G G F V M V A I A U X I M
J N X X R O L L C A L L F C N T T C R Y O Q
W A E P A B S C O N D W F C E E Y H T U U X
P M P E M T R I R B Q U P A L L I A T E S I
Z Z Y T I H E J U J M E S T I N G Y K A N M
B V W L F W C R A A S H V E Q X T X C J E P
C S C G Y V A O Z T E E T G M C W J S Z S U
X G H C A T N U L X W L O T U W V N L S S G
P O I L B S T V S E R R A T E D X K H R N N
E B C C V G S P X A F P L P T H L U E X I E
D S A Z L O P E Y A L A B D W E Z J H F W D
A C N N Q V E X J U N H H V K N D M B O H A
N G E U N Z Z K L P S E F B U J R V U Q F I
T N R L R G O I D Q V O L A T I L E D K X L
I H Y R N I N F U R I A T E M Z J V V M O W
C P R E V A L E N T U J P V O T J W I Q Q A

RECANT, OBLIVIOUS, PALLIATE, VOLATILE,
ANIMOSITY, STINGY, ROLLCALL, VITIATE, LOPE,
SERRATED, PREVALENT, RAMIFY, AGGRAVATE,
IMPERVIOUSNESS, SUMMARILY, BLACKPANTHER,
VEX, REPROACH, CHICANERY, PEDANTIC,
ABSCOND, MAULHURT, INFURIATE, IMPUGNED

R Y B Y X D E J K A I L Y Y F Z G R M R C
O P P R O B R I O U S I Q S G K T Q K V E
F H Q J I N S C R U T A B L E I N L U X H
K P P B P S Q U A L I D F V A N Q F R Y M
C S U P E R I M P O S E R G Z C U Q N N K
N P R U D I S H S Z K S E C O U I Q C F I
W F I E R R A T I C E D T L G R N O C L E
Q L M J M F I D E L I T Y A I S X I P A T
X S U S I D O R J V A A R M J I J C I F E
S L A M S N I Z C Y D D K O S O A P N X C
I U H B A H P D O D U W G R U N I W T A H
L C N C N M W I M U L R Q S G Z X D R M X
B U A K T D O S M D T O B T U S E E A B E
M L H X H E C C O V E T O U S J Q U N Y V
R E D M R A C R D H R I S T I N T P S K A
A N W A O R S E I Y A K D K Q E R V I K B
J T Z A P T Y E O F T F R I F T X U G Q W
O G I A E H W T U E I W S A V A N T E R K
B H H W R M I F S L O A X N N I I O N J H
K V P A L M Z V B O N B B N I J C B C U K
P T Z Y F G J M H N I G X Q N D C W E P I

INCURSION, PRUDISH, SUPERIMPOSE, OBTUSE,
FRET, STINT, AIL, DEARTH, ADULTERATION, FELON,
INTRANSIGENCE, CLAMOR, ERRATIC,
COMMODIOUS, OPPROBRIOUS, LUCULENT, RIFT,
SQUALID, MISANTHROPE, INSCRUTABLEIN,
DISCREET, COVETOUS, FIDELITY, SAVANT

Z C G Z R A N Z I G J T R I F L I N G
D P R O V O K E T R X J R B P M E W J
P R L K J W P N U E K E U B E A V E R
R G I N I M P L I C I T T C N S X M Y
O T S B Y F G U L I U T E H L U P B N
S D O G M A T I C T X D B T X B E T U
A H E K M Z X F A A A U B Q C L B M T
I Q P A L A T I A L Y P B C Z I Q I C
C U N O I S O M E S J E L B E M M N W
W I U C P E R I P A T E T I C E M A V
R E G E B U L L I E N C E R D H E T Y
U S F T C A R D I B K L N E U B R O T
O C H H Z Q W O D I U M T C E Y C R P
U E C L E F S E R R A T I O N M U Y P
O N P I O U S O D B G R C N S F R U H
O C Y A L P U R F P D L E C M B I D M
B E Y O N C E Z G S O I W I I C A P F
C D E P R A V E O C T R D L E D L X N
K U L R R M M F V M E G E E Y V C J V

TRIFLING, PALATIAL, DOGMATIC, SUBLIME,
PROVOKE, MERCURIAL, AVER, RECITALSA,
SERRATION, EBULLIENCE, PROSAIC, DUPE,
QUIESCENCE, CARDIB, DOTE, PERIPATETIC, PIOUS,
IMPLICIT, RECONCILE, BEYONCE, MINATORY,
DEPRAVE, NOISOME, ENTICE, ODIUM

B S A L U T A R Y K N J I D W W B R X D B
M Y G A T E W A Y A R C H O V F E M T E A
O R U T U C Y P C T Q T A X I P L F F S R
R E O T X O N P G I G C U R S O R Y V U V
B S F M A T R I C U L A T I O N S K J L N
I C J U K Z E B V Z V I R A G O A K R T E
D I B Q Y U T A A E G X S V T R U C E O M
A N O M C H F C R A V E N P M C Q Y F R C
R D V P P Y S I X G F I Z H E O S A T Y S
B X Y N V Z B B E N E V O L E N C E R W P
A U X I L I A R Y C R Y M E E V A U E Z A
L H Q P R O F L I G A C Y G T I R Y N C C
R S H R U E O T G F U T Z M R C I Y C F E
C R X U B Z M H A Y O M H A Z T Z C H M N
S C A R T E R W I B R K S T Y I O E A G E
P W B D C S Y A N L P P E I Y O N K N Y E
S O M A T I C R S Z R R Y C Y N A V T B D
G Q Z E D B J T A F O R B E A R A N C E L
K Y Q I D S Q S Y A H S L U G G A R D P E
T G E V B E L A B O R N V R W Q R J D C F
V J J W O W V A S T E R I S K X D K O X Q

BENEVOLENCE, CURSORY, PROFLIGACY, FORBEARANCE, PHLEGMATIC, TRUCE, ASTERISK, CRAVEN, MATRICULATION, BELABOR, CONVICTION, THWART, GATEWAYARCH, SALUTARY, CARTER, VIRAGOA, ARIZONA, AUXILIARY, TRENCHANT, MORBID, SOMATIC, RESCIND, GAINSAY, DESULTORY, SLUGGARD, SPACENEEDLE

T L P A S C O N T I G U O U S S G X D R
I E N D E A R I N G B S Q W W X B O R Z
Q N O X I O U S X F I W Q B A P V T Z M
B J C Z Q P K K D I S C E R N B X T E V
C P U I P P U N M U B R A D P I T T O C
J Y G Q I N G E N U O U S D P Q B W L D
Y R I N F E R N O S Y E U V U M X N M E
M E A L E O D N O P R U D E N C E O Y R
E L O O Q U G Y O E A V I G I L A N C E
R A H Q U U F E T R T U M C A L D B K L
A R A U A Y Z N A F G Z P Z G P W N X I
D G C A B I U V U I W P I E A K X E P C
I E K C L C L S T D L U E K R Q X Z X T
C S C I E L C Q T Y I Y T W A W B Y W I
A Q U O O F I N I C K Y Y D F X E C A O
T G T U K Q Q T G N I T P C A M E L K N
E X O S L U L L H M V J H S L Z Y I P I
Z M D E T R A C T I O N P S L O V N O L
V A L O R O U S L Y X Q C Y S F F C O L
D M W E O D O V Y H J I O N D Q U H L N

CLINCH, CONTIGUOUS, HACKCUT, LULL, INFERNO, NIAGARAFALLS, TAUTTIGHTLY, IMPIETY, DETRACTION, LOQUACIOUS, VIGILANCE, NOXIOUS, PYRELARGE, DERELICTION, INGENUOUS, ERADICATE, DISCERN, VALOROUS, PERFIDY, BRADPITT, ENDEARING, PRUDENCE, EQUABLE, FINICKY

Solutions

Word Search

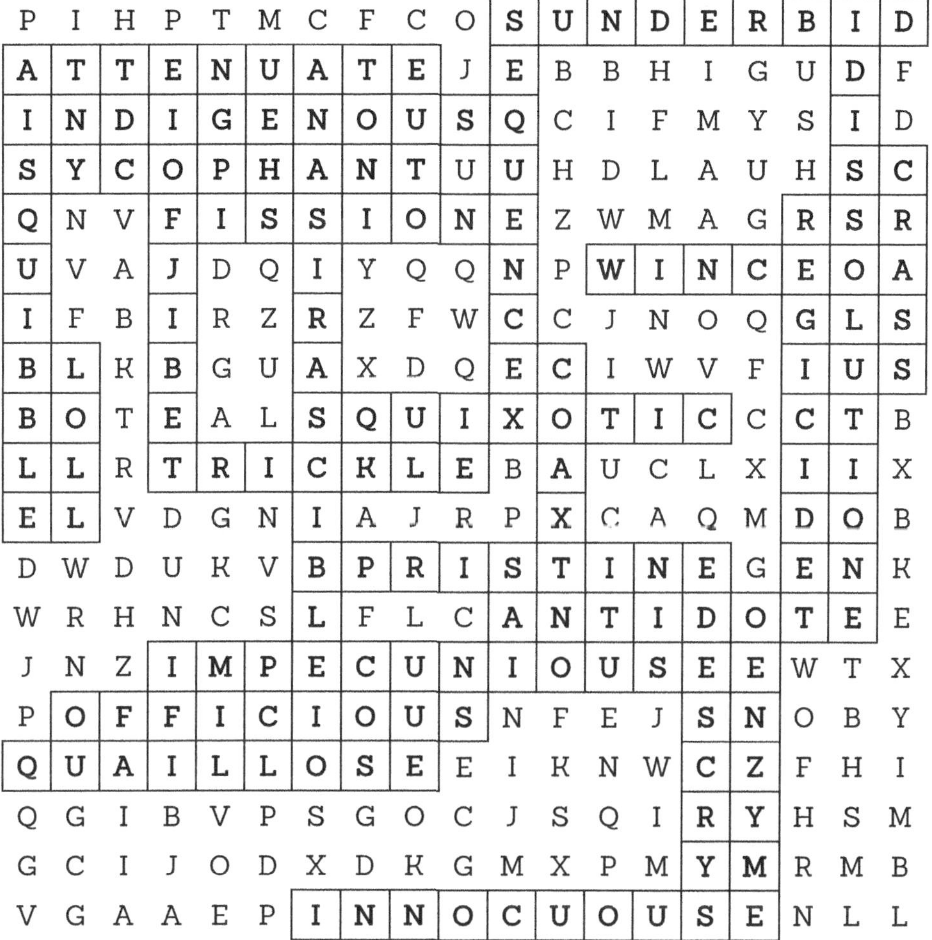

OFFICIOUS, SYCOPHANT, SEQUENCE, UNDERBID,
WINCE, IRASCIBLE, ANTIDOTE, CRASS, COAX,
REGICIDE, PRISTINE, ATTENUATE, QUAILLOSE,
FISSION, DISSOLUTION, INNOCUOUS, TRICKLE,
DESCRY, IMPECUNIOUS, INDIGENOUS, QUIXOTIC,
JIBE, ENZYME, LOLL, QUIBBLE

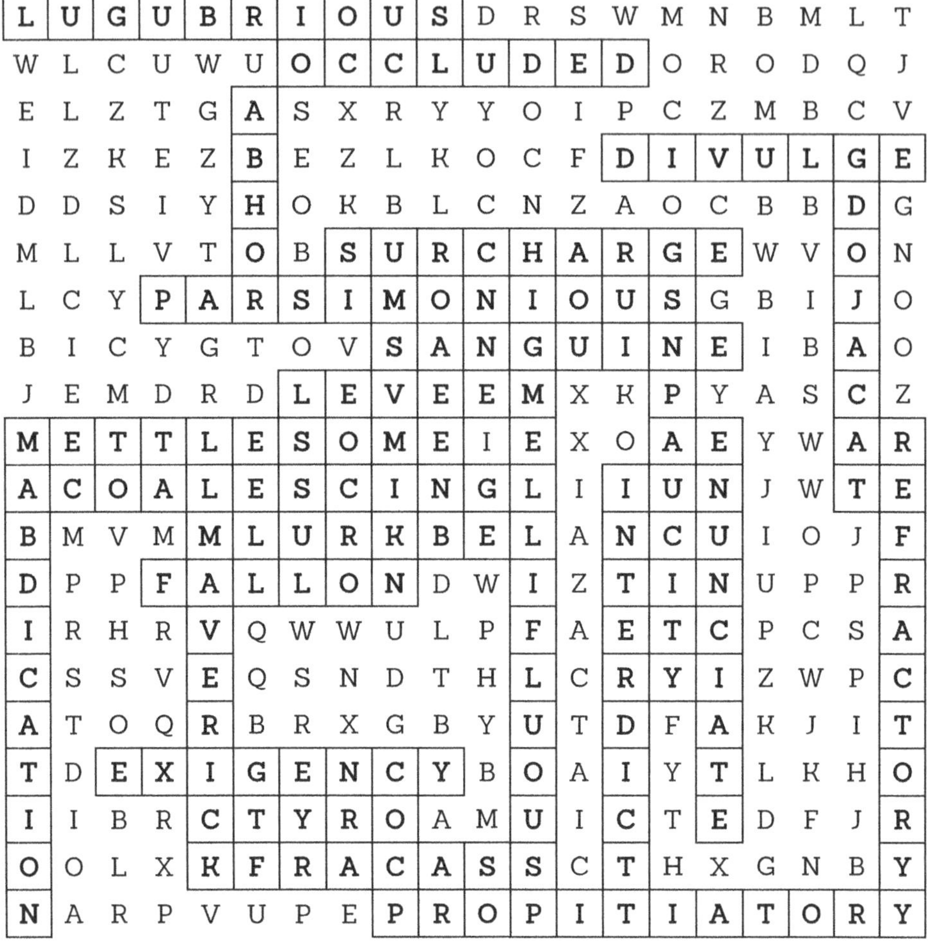

OCCLUDED, DIVULGE, LUGUBRIOUS, DOJACAT, PROPITIATORY, METTLESOME, ENUNCIATE, ABHOR, MAVERICK, MELLIFLUOUS, PAUCITY, EXIGENCY, PARSIMONIOUS, INTERDICT, ABDICATION, LURKBE, LEVEE, SURCHARGE, FRACAS, REFRACTORY, COALESCING, SANGUINE, TYRO, FALLON

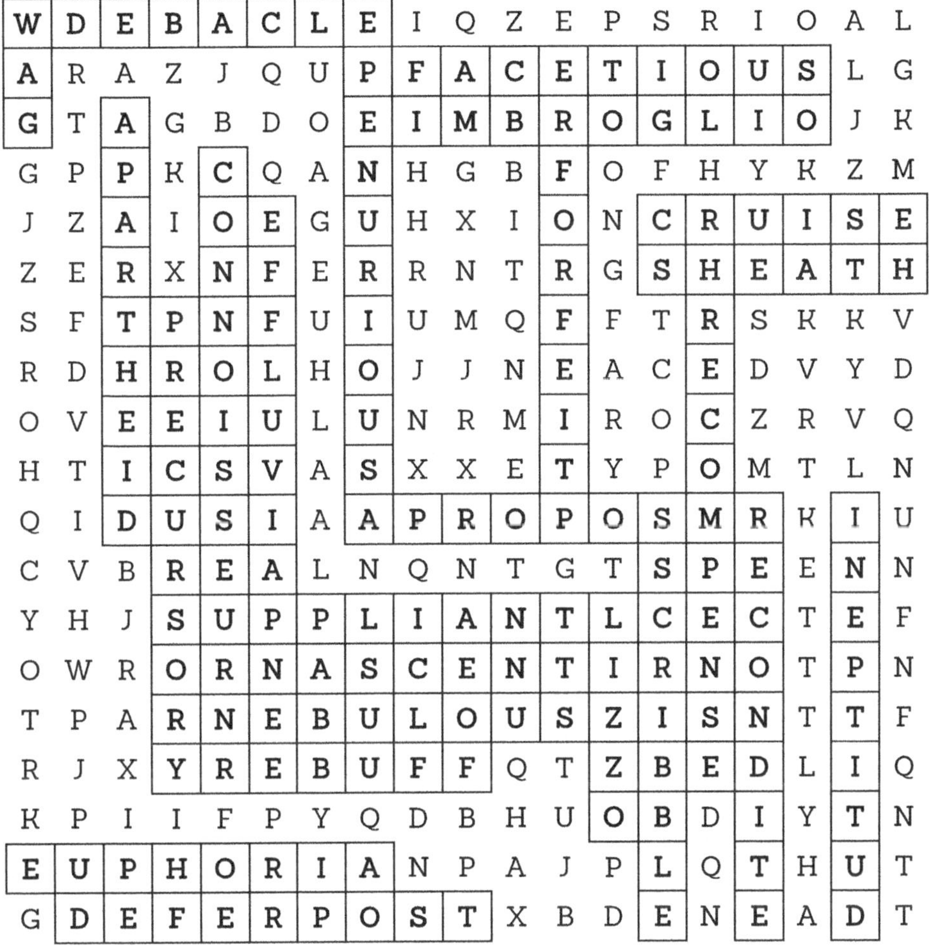

APARTHEID, APROPOS, SHEATH, PENURIOUS, PRECURSORY, LIZZO, WAG, RECOMPENSE, IMBROGLIO, NEBULOUS, RECONDITE, DEBACLE, DEFERPOST, FORFEIT, INEPTITUD, EFFLUVIA, CRUISE, SUPPLIANT, EUPHORIA, REBUFF, CONNOISSEUR, SCRIBBLE, FACETIOUS, NASCENT

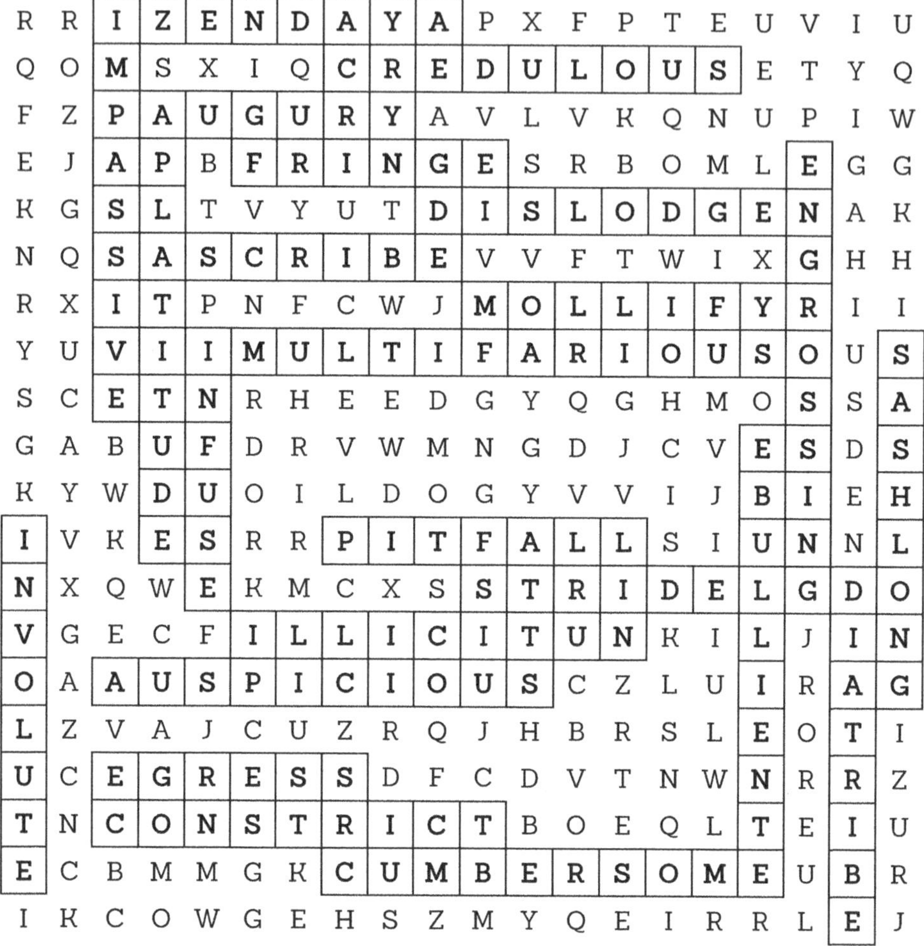

PITFALL, AUSPICIOUS, ENGROSSING, INFUSE, ILLICITUN, INVOLUTE, MULTIFARIOUS, FRINGE, MOLLIFY, STRIDE, ASCRIBE, CUMBERSOME, IMPASSIVE, SASHLONG, AUGURY, DIATRIBE, DISLODGE, EGRESS, ZENDAYA, EBULLIENT, CREDULOUS, PLATITUDE, CONSTRICT

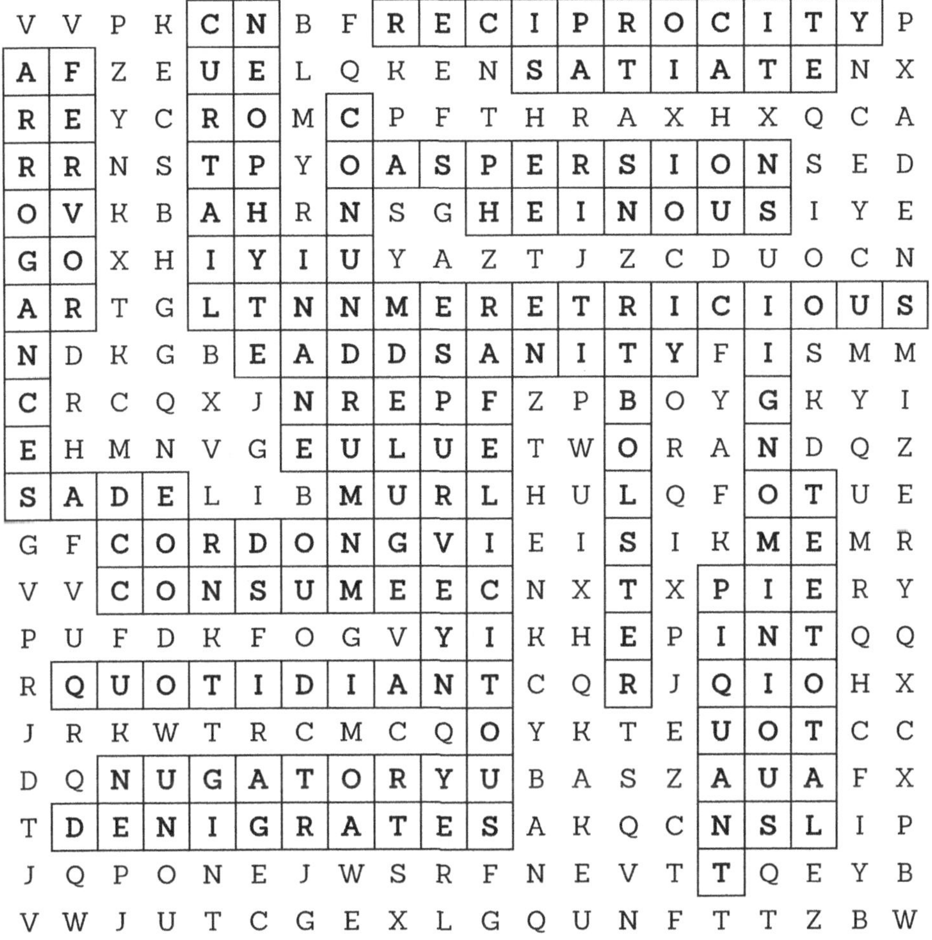

SANITY, FELICITOUS, BOLSTER, NUGATORY, IGNOMINIOUS, CONSUME, ASPERSION, CONUNDRUM, QUOTIDIAN, MERETRICIOUS, CORDON, PURVEY, NEOPHYTE, INANE, DELUGE, PIQUANT, DENIGRATE, HEINOUS, TEETOTAL, FERVOR, RECIPROCITY, SADE, CURTAIL, ARROGANCE, SATIATE

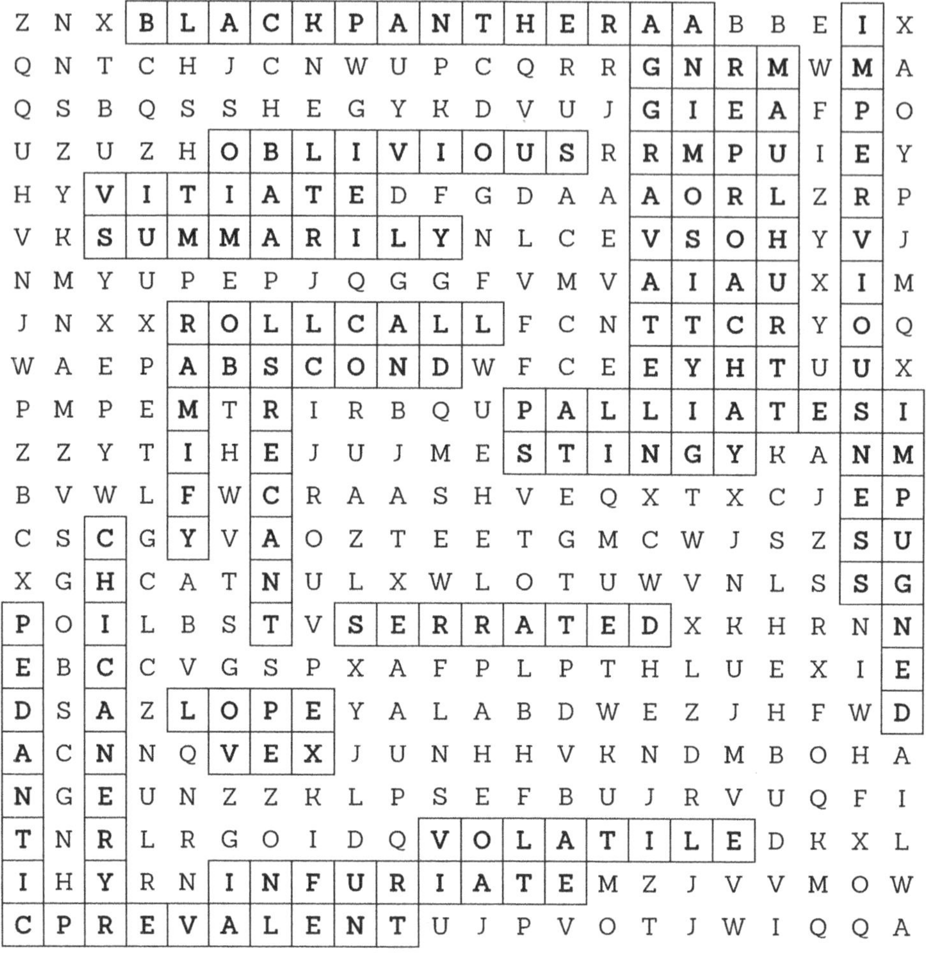

RECANT, OBLIVIOUS, PALLIATE, VOLATILE, ANIMOSITY, STINGY, ROLLCALL, VITIATE, LOPE, SERRATED, PREVALENT, RAMIFY, AGGRAVATE, IMPERVIOUSNESS, SUMMARILY, BLACKPANTHER, VEX, REPROACH, CHICANERY, PEDANTIC, ABSCOND, MAULHURT, INFURIATE, IMPUGNED

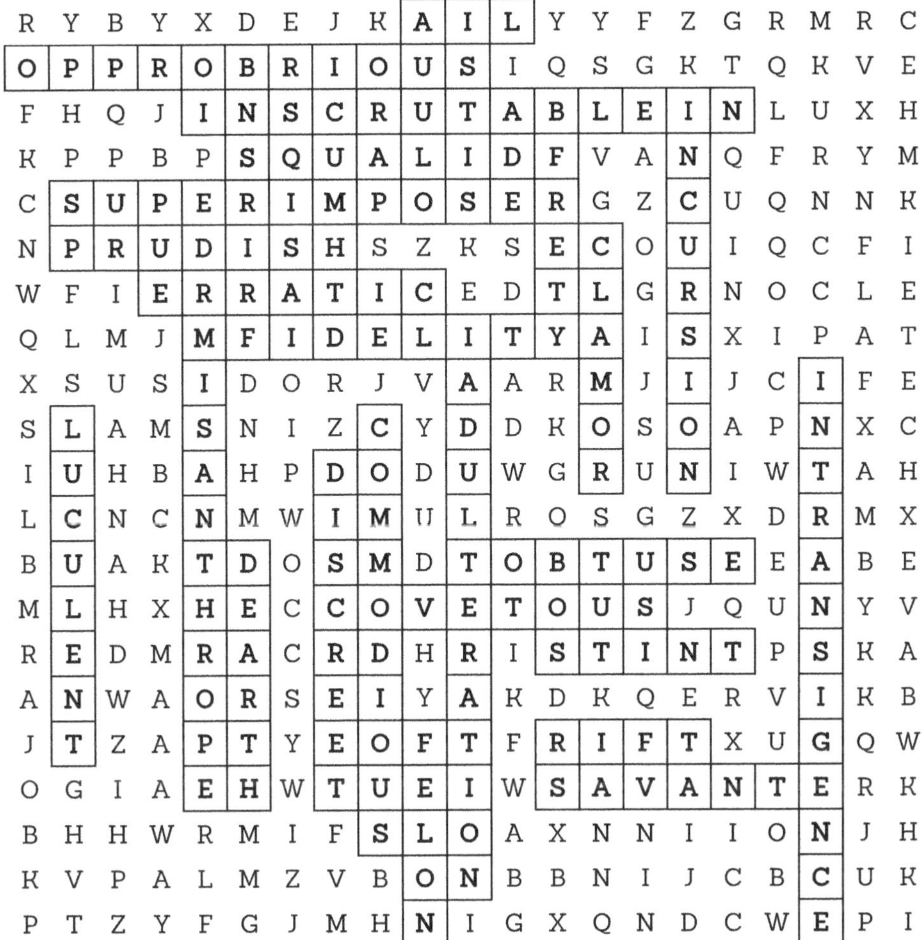

INCURSION, PRUDISH, SUPERIMPOSE, OBTUSE, FRET, STINT, AIL, DEARTH, ADULTERATION, FELON, INTRANSIGENCE, CLAMOR, ERRATIC, COMMODIOUS, OPPROBRIOUS, LUCULENT, RIFT, SQUALID, MISANTHROPE, INSCRUTABLEIN, DISCREET, COVETOUS, FIDELITY, SAVANT

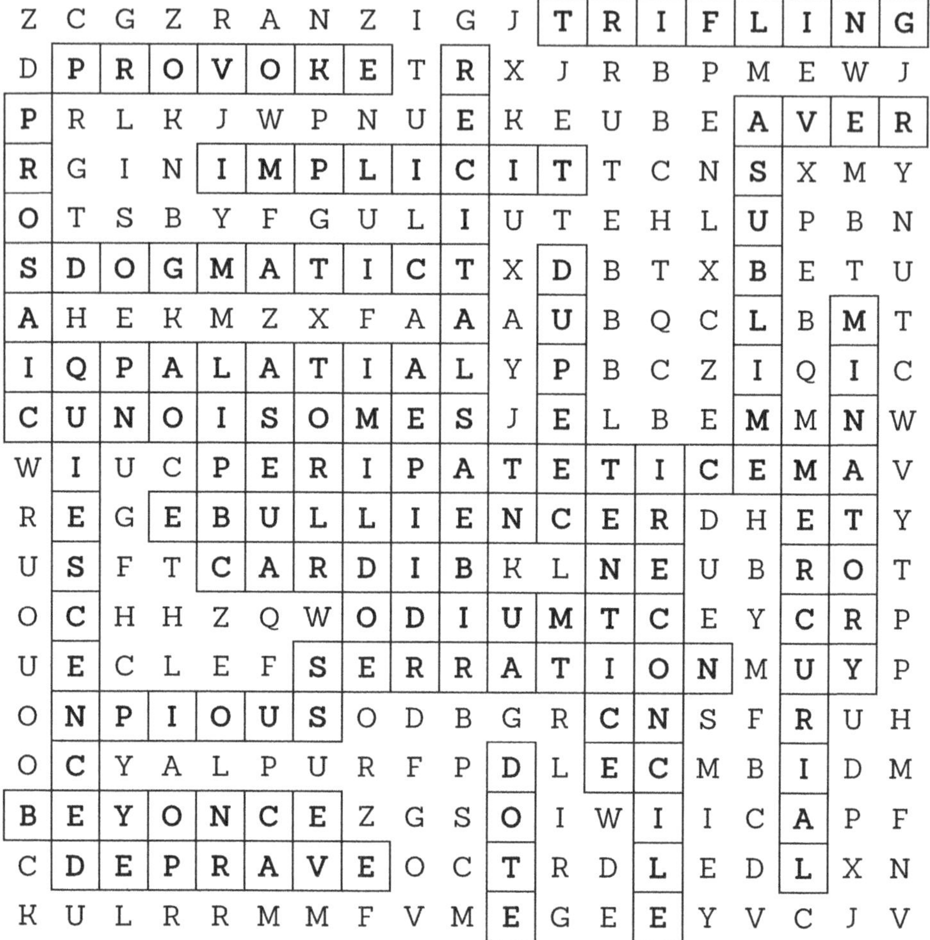

TRIFLING, PALATIAL, DOGMATIC, SUBLIME, PROVOKE, MERCURIAL, AVER, RECITALSA, SERRATION, EBULLIENCE, PROSAIC, DUPE, QUIESCENCE, CARDIB, DOTE, PERIPATETIC, PIOUS, IMPLICIT, RECONCILE, BEYONCE, MINATORY, DEPRAVE, NOISOME, ENTICE, ODIUM

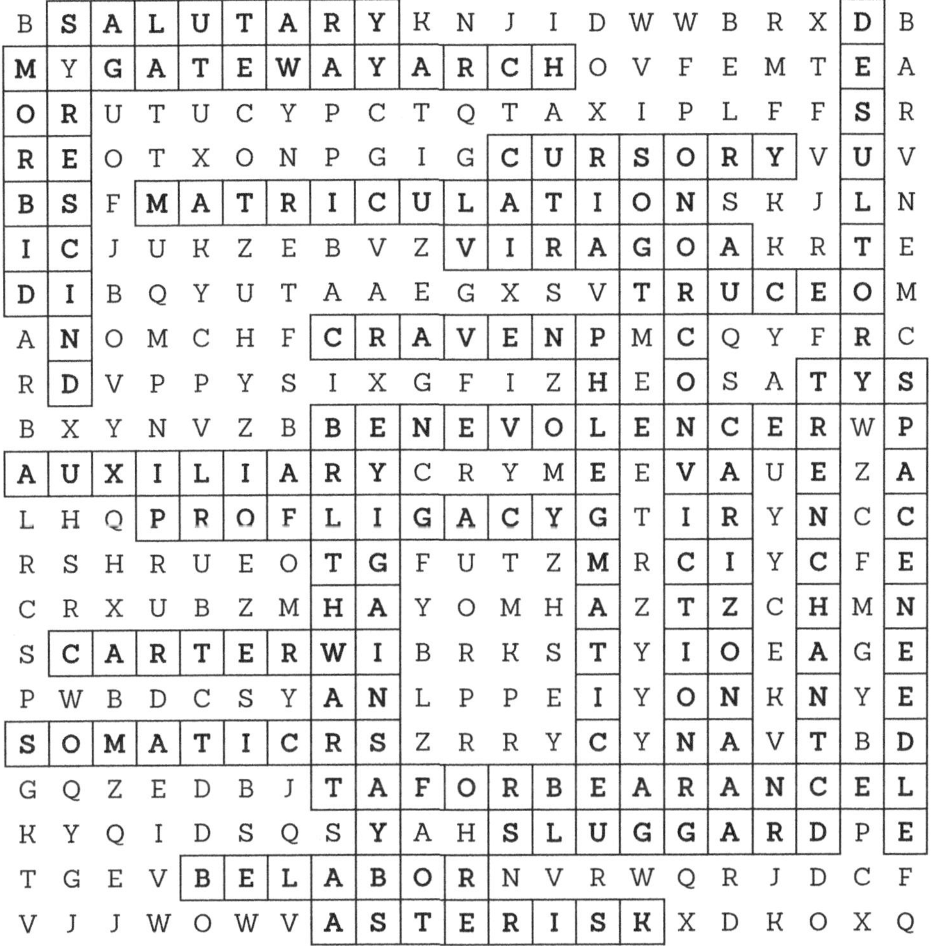

BENEVOLENCE, CURSORY, PROFLIGACY, FORBEARANCE, PHLEGMATIC, TRUCE, ASTERISK, CRAVEN, MATRICULATION, BELABOR, CONVICTION, THWART, GATEWAYARCH, SALUTARY, CARTER, VIRAGOA, ARIZONA, AUXILIARY, TRENCHANT, MORBID, SOMATIC, RESCIND, GAINSAY, DESULTORY, SLUGGARD, SPACENEEDLE

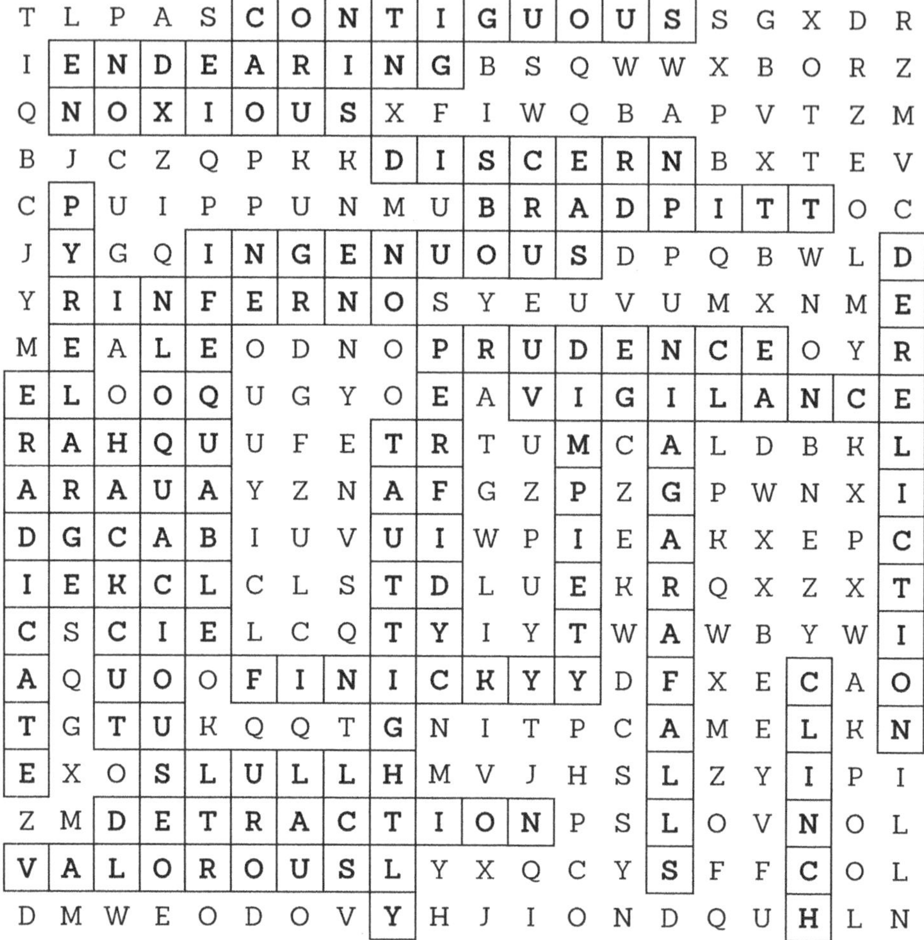

CLINCH, CONTIGUOUS, HACKCUT, LULL, INFERNO, NIAGARAFALLS, TAUTTIGHTLY, IMPIETY, DETRACTION, LOQUACIOUS, VIGILANCE, NOXIOUS, PYRELARGE, DERELICTION, INGENUOUS, ERADICATE, DISCERN, VALOROUS, PERFIDY, BRADPITT, ENDEARING, PRUDENCE, EQUABLE, FINICKY

Sudoku Instructions

Deductive Reasoning & Logic Puzzle

For this activity, use a pencil and possibly an eraser.

Goal: *To figure out where the 1 - 9 numbers go in the 9×9 grid of squares, and their partitioned 3×3 boxes.*

Rule: *Each vertical column can only contain each number from 1 to 9 once; and each horizontal row can only contain each number from 1 to 9 once, as well.*

Rule: *Each row, column, and 3×3 box will only have numbers 1 to 9 once.*

Advice: *"The Roaming Eye" is a real thing...keep those eyes travelling the grid to find the solution. It's helpful so do not give up!*

Do not allow this puzzle to intimidate if you are a beginner.

You got this!!!

(Saying this in my cheerleading voice!)

#1

	1				3	2	8	6
		4		1			3	
			9				5	
			3					
6			2	4	1	7		
8		7	6					1
7	2						6	
5			1	6				
	6			5			1	

#2

	5	4		7		9		
	3		8		6			
	2			9				7
		2						
			7			8		5
3	8	9		5		2	7	
2			5		7	1		
					1			6
8	6		4				5	

Fun Fact of Knowledge

Did you know there are Sudoku international competitions? The first was held in 2006 in Lucca, Italy & Japan's Kota Morinishi has been named the supreme winner with four titles thus far.

#3

9			2		5			7
	7		6		8	5		
	3		1		4			9
	8	3	7	1		9		
		5		2	3	7	1	
							8	
		2		5		6	7	
7	5	9					4	

#4

	8	7	9					
			1			6		3
5				4	6			9
	4	5						
			3	9	4			5
	9	1						
1			7		9			
9		6		2	1		3	8
	7		5			9	2	

#5

3		9				7		
			9		6	5		1
5	6							
	7			1		6		9
	5	6	4		8			
		1	6					
			5	4	3		6	
	2		8		1			
	9				2	3	1	

#6

		6	8				5	7
	2							
			6					9
		3	2	9		1	7	6
			3				9	
	9	2			5	8		3
				3				5
				1	4	7		
	3		5				2	4

#7

6	2	7	5	4	9			1
		8	6				7	
1			3	7	8	2	5	6
						3	2	7
7		9	4	2	6			
	8	2	1	3	7	6		
					3	4	8	
9	7	3	8	5	4	1	6	2
8	4		2		1		9	

#8

					1			6
6	7	5						
3				9	6		8	
7		3						5
					2		1	
							3	9
1	8					4		
	3	6	1	5				8
2	5	7		3	4			

#9

8	1				4			
						5		
		9			8			4
	3				5	8		
5		2	6	7	3			
	6			8	1	7		5
2		8	1			4		
4					9			7
1			5				9	

#10

			9		3	8	6	
6		9					3	
8	3		6	7		2		9
				9	8	1		
4			1	6	7	3		2
		1		3		6		5
			8	2	9		5	
9		6		1			2	8
		2	7				1	3

Fun Fact of Knowledge

Did you know Sudoku is a Japanese number game puzzle? If you have been playing this game for a long time, yup this is a "Duh? You think" type of fact. But did you know that this 18th century mathematical analysis really became popular in 2004. Today we call that "going viral".

#11

			2		9	7	5	
7		9	8	6				
	6			3		8		1
		2			8		3	
8					2			
		7	4				6	
3		8		9	6	5	1	
5				8				
								3

#12

				5		1		7
				3			6	
1								
	9							5
7	2		1					
8	3				5	9	7	
	1		3					6
9		2	5		4	7		
3					6		9	2

#13

		5		3		2		
		9	1	7		6		
4	7				9	3	1	
		1	3					
8							3	6
	5				6			
5	2						7	
		7			3	5	6	9
	4	6			1	8		

#14

5			3		4		1	7
			5			9		
	2							3
	4	9	8				2	
			9	7		3	6	
6	1	7		4		5		
	7	2						
						6	7	2
	6	4		2				9

#15

			2	3		8		9
6	2			8				5
			5				7	
1		6		5				
2		9						6
					6		9	1
3		2						7
			8	1	5			2
9		1	3					

#16

8				3			9	
6	4	3	2				1	
9		2	6					4
2		4		7	3	9		
		9						7
7					2			1
	2	8	3			1		
			4		1	8	5	
		6	8	2				

#17

8				9	4	7	2	5
	9			2		4		
3		5	4		1			
2	6				3	1	8	4
9				6				7
4			6					8
			7		9			
	5				2			6

#18

	2				9	1	4	
1		5	6				3	
		3		1		7		
	8							7
6		4			8	9		
	5			2	6			
			5		1	4		
	4				2			
			3			8		

Fun Fact of Knowledge

Did you know Sudoku is supposedly short for (and if you are fluent in Japanese, I hope not to butcher this)
"sūji-wa dokushin-ni kagiru"?
"We like numbers best celibate."
Huh? Oh, you mean as single digits. Gotcha.
In kanji Sudoku is: 数独
If you are a true Sudoku fan, this could be possible ink art.

#19

	9		1	6	8			
		7	3	2	9			6
2					4		9	8
						8		
	6	2	7					
5			4	9				
	1				7			9
	2				3		8	
	5				6		1	2

#20

6		4			7		8	
	2		4		8	7		
8	7			9			6	
	8		3					
		3	6		5			
					9		2	
1			5					8
	5	6	8	7	1		3	4
				4				7

#21

		2	1					4
		7		9			3	2
1	9	4	2		7		5	
	1							
7	5	8		1		2	4	
4		9	5			8		
9		6		4	1			
	4	5		2		9		
3	7	1						

#22

	4	3			5		6	
			6					5
				1	4			
	3	2	8	4	6		1	
			5			6		4
5		4		9			2	3
	5		4				9	1
		9			1		8	
	7				8			

#23

8		7	2	4			5	1
9	5			6				8
4			5			7	9	
		1		7	8		3	
2								
		4	6					9
		8						
				5			4	
	4		1	2	6	9	8	

#24

1								
	5		6	9			8	
					7			2
3	7		1	6			9	
		9	4		5			
	6						1	
9			2		6		5	8
6		8	5					4
			7	8	9	6	2	3

#25

			9		1	5		8
6		9						
8							3	9
9				8			1	
		4		1				2
1					7		4	
	1		7				8	4
7				4		6		3
4			6	3			2	7

#26

					6	9	3	4
			1		4	6	8	
				8				7
				1			7	
		8				4		3
3							2	
		4	3		2			
	3	5		4	7	1		
8		7	5			3		2

Fun Fact of Knowledge

Did you know there is a World Federation of Puzzles? And Poland is scheduled to host the World Sudoku & Puzzle Championship in Krakow, PL October 16 – 23, 2022.

Book your tickets!
it's going to be a competition for the history books.

#27

8					2			3
3						9	7	
9	7		4			8		
6		3				1		2
					1	3	9	
7		1		2		6	8	5
					9		5	1
				7				
	8		2					9

#28

		4		6			3	9
	3			8	5	1		
5			3		9	8	2	
			2	1			8	5
1			4		8	9	6	
6	2		9	5			1	
3	8	6	5					
		7				6		
		5	6	3				

#29

					2			7
				6	8	3		
6	3	4					8	
	7	2	8					6
		1	6	2		4		
	6	9		4				
2			5			8	7	3
1							2	
					6		5	

#30

6							8	
8	9		3		1			
			6			7		2
			9					3
		8	7	3				
2			8			4		
9		3	1			2	7	
1		2			5			
					3			

#31

	5	7		2	6	8		
9		6	8	1			5	
	8	1						
	2			5		6	4	1
		3		4			9	
	4						8	
		4	6					
8					1		6	
3					2			

#32

	8	1	5		3			6
			7					
	7	6				2	1	3
4		8		1				
	1	3		7				
7	9		8			1		
	4	7					6	
							8	4
			2	9				

#33

		3				5	4	6
8			4		9		2	1
		7			6			
			2	4				
		1		8				
2				6	1		5	
5				1	4		7	
	7							
1		8			2	4		3

#34

	3							7
				6	4		5	8
7	5	4			8	6	2	
		1	8	4				
9		7	6		2			
		5				8		
	7			1			6	2
	4		2		3		1	9
	9		5	7	6	4		3

Fun Fact of Knowledge

Did you know there are a few personality traits you must have if you are true fan of Sudoku? Dogged determination. Cool as a cucumber. Focused beyond measure.
And logical with an unlimited visual memory.

Chances are you are also a great card shark. Vegas, anyone?

#35

3	7	1		2	5		9	
					6		3	
	6	9	1					
	2		3		9			
9		8						1
1		4		5	7		2	
7								3
		5	7		8			9
			6			4		

#36

2		3		6	1			
	8	5	2				6	
6		1						3
3		6		1			5	2
		4					7	8
						6		
			7		3	2		
	3	8		2				5
					5			4

#37

9		5		1			3	
8	1		3	6		4	5	7
					7		1	9
			1		3	9		
				7	8	2	6	
			6		2	3		1
5	8	7		3		1	9	
	2	9		4	1	5	8	
4		1				7		6

#38

							2	5
6							8	4
		5			8	6		
	6			3	2	9		
	3					8	6	
	8		5	7				3
					5	7		
9			4					6
8		1			9			

#39

	2					7		
1							8	4
				8		3	1	9
3	1						2	
6				1				
				7	9			3
			4	3	5	8		
		8	7			5	4	
		4	8	9				

#40

						9		2
5		9		3	2			8
			6	1		4		
		4		8				
1		7				3		4
	5	8	4		3		9	
			3	9	4			7
					1			6
3	7		2					9

Solutions

Sudoku

#1

9	1	5	4	7	3	2	8	6
2	8	4	5	1	6	9	3	7
3	7	6	9	2	8	1	5	4
1	9	2	3	8	7	6	4	5
6	5	3	2	4	1	7	9	8
8	4	7	6	9	5	3	2	1
7	2	1	8	3	4	5	6	9
5	3	8	1	6	9	4	7	2
4	6	9	7	5	2	8	1	3

#2

1	5	4	2	7	3	9	6	8
9	3	7	8	4	6	5	1	2
6	2	8	1	9	5	3	4	7
5	7	2	9	1	8	6	3	4
4	1	6	7	3	2	8	9	5
3	8	9	6	5	4	2	7	1
2	4	3	5	6	7	1	8	9
7	9	5	3	8	1	4	2	6
8	6	1	4	2	9	7	5	3

#3

9	1	8	2	3	5	4	6	7
2	7	4	6	9	8	5	3	1
5	3	6	1	7	4	8	2	9
4	8	3	7	1	6	9	5	2
6	9	5	8	2	3	7	1	4
1	2	7	5	4	9	3	8	6
8	4	2	9	5	1	6	7	3
3	6	1	4	8	7	2	9	5
7	5	9	3	6	2	1	4	8

#4

6	8	7	9	3	5	1	4	2
4	2	9	1	7	8	6	5	3
5	1	3	2	4	6	8	7	9
2	4	5	8	1	7	3	9	6
7	6	8	3	9	4	2	1	5
3	9	1	6	5	2	4	8	7
1	3	2	7	8	9	5	6	4
9	5	6	4	2	1	7	3	8
8	7	4	5	6	3	9	2	1

#5

3	1	9	2	5	4	7	8	6
7	4	2	9	8	6	5	3	1
5	6	8	1	3	7	2	9	4
8	7	4	3	1	5	6	2	9
9	5	6	4	2	8	1	7	3
2	3	1	6	7	9	8	4	5
1	8	7	5	4	3	9	6	2
6	2	3	8	9	1	4	5	7
4	9	5	7	6	2	3	1	8

#6

9	1	6	8	2	3	4	5	7
5	2	8	4	7	9	3	6	1
3	7	4	6	5	1	2	8	9
4	5	3	2	9	8	1	7	6
6	8	1	3	4	7	5	9	2
7	9	2	1	6	5	8	4	3
8	4	9	7	3	2	6	1	5
2	6	5	9	1	4	7	3	8
1	3	7	5	8	6	9	2	4

#7

6	2	7	5	4	9	8	3	1
3	5	8	6	1	2	9	7	4
1	9	4	3	7	8	2	5	6
4	6	1	9	8	5	3	2	7
7	3	9	4	2	6	5	1	8
5	8	2	1	3	7	6	4	9
2	1	6	7	9	3	4	8	5
9	7	3	8	5	4	1	6	2
8	4	5	2	6	1	7	9	3

#8

9	2	8	5	4	1	3	7	6
6	7	5	2	8	3	1	9	4
3	4	1	7	9	6	5	8	2
7	6	3	9	1	8	2	4	5
5	9	4	3	6	2	8	1	7
8	1	2	4	7	5	6	3	9
1	8	9	6	2	7	4	5	3
4	3	6	1	5	9	7	2	8
2	5	7	8	3	4	9	6	1

#9

8	1	5	7	2	4	3	6	9
3	4	7	9	1	6	5	8	2
6	2	9	3	5	8	1	7	4
7	3	1	4	9	5	8	2	6
5	8	2	6	7	3	9	4	1
9	6	4	2	8	1	7	3	5
2	9	8	1	6	7	4	5	3
4	5	6	8	3	9	2	1	7
1	7	3	5	4	2	6	9	8

#10

1	2	4	9	5	3	8	6	7
6	7	9	4	8	2	5	3	1
8	3	5	6	7	1	2	4	9
2	6	3	5	9	8	1	7	4
4	5	8	1	6	7	3	9	2
7	9	1	2	3	4	6	8	5
3	1	7	8	2	9	4	5	6
9	4	6	3	1	5	7	2	8
5	8	2	7	4	6	9	1	3

#11

1	8	3	2	4	9	7	5	6
7	5	9	8	6	1	3	4	2
2	6	4	5	3	7	8	9	1
6	4	2	9	7	8	1	3	5
8	3	5	6	1	2	4	7	9
9	1	7	4	5	3	2	6	8
3	2	8	7	9	6	5	1	4
5	9	1	3	8	4	6	2	7
4	7	6	1	2	5	9	8	3

#12

2	4	6	9	5	8	1	3	7
5	7	9	4	3	1	2	6	8
1	8	3	6	7	2	5	4	9
6	9	1	8	4	7	3	2	5
7	2	5	1	9	3	6	8	4
8	3	4	2	6	5	9	7	1
4	1	7	3	2	9	8	5	6
9	6	2	5	8	4	7	1	3
3	5	8	7	1	6	4	9	2

#13

6	1	5	8	3	4	2	9	7
2	3	9	1	7	5	6	4	8
4	7	8	2	6	9	3	1	5
7	6	1	3	8	2	9	5	4
8	9	2	5	4	7	1	3	6
3	5	4	9	1	6	7	8	2
5	2	3	6	9	8	4	7	1
1	8	7	4	2	3	5	6	9
9	4	6	7	5	1	8	2	3

#14

5	9	8	3	6	4	2	1	7
7	3	1	5	8	2	9	4	6
4	2	6	1	9	7	8	5	3
3	4	9	8	5	6	7	2	1
2	8	5	9	7	1	3	6	4
6	1	7	2	4	3	5	9	8
1	7	2	6	3	9	4	8	5
9	5	3	4	1	8	6	7	2
8	6	4	7	2	5	1	3	9

#15

4	1	5	2	3	7	8	6	9
6	2	7	4	8	9	3	1	5
8	9	3	5	6	1	2	7	4
1	4	6	9	5	8	7	2	3
2	7	9	1	4	3	5	8	6
5	3	8	7	2	6	4	9	1
3	8	2	6	9	4	1	5	7
7	6	4	8	1	5	9	3	2
9	5	1	3	7	2	6	4	8

#16

8	5	1	7	3	4	2	9	6
6	4	3	2	9	5	7	1	8
9	7	2	6	1	8	5	3	4
2	6	4	1	7	3	9	8	5
1	8	9	5	4	6	3	2	7
7	3	5	9	8	2	6	4	1
4	2	8	3	5	7	1	6	9
3	9	7	4	6	1	8	5	2
5	1	6	8	2	9	4	7	3

#17

7	4	2	5	3	6	8	1	9
8	3	6	1	9	4	7	2	5
5	9	1	8	2	7	4	6	3
3	8	5	4	7	1	6	9	2
2	6	7	9	5	3	1	8	4
9	1	4	2	6	8	3	5	7
4	7	9	6	1	5	2	3	8
6	2	3	7	8	9	5	4	1
1	5	8	3	4	2	9	7	6

#18

8	2	6	7	3	9	1	4	5
1	7	5	6	8	4	2	3	9
4	9	3	2	1	5	7	6	8
9	8	2	4	5	3	6	1	7
6	3	4	1	7	8	9	5	2
7	5	1	9	2	6	3	8	4
2	6	8	5	9	1	4	7	3
3	4	7	8	6	2	5	9	1
5	1	9	3	4	7	8	2	6

#19

4	9	5	1	6	8	2	7	3
1	8	7	3	2	9	5	4	6
2	3	6	5	7	4	1	9	8
9	4	1	6	3	5	8	2	7
3	6	2	7	8	1	9	5	4
5	7	8	4	9	2	6	3	1
8	1	3	2	5	7	4	6	9
6	2	4	9	1	3	7	8	5
7	5	9	8	4	6	3	1	2

#20

6	1	4	2	5	7	3	8	9
3	2	9	4	6	8	7	1	5
8	7	5	1	9	3	4	6	2
5	8	2	3	1	4	9	7	6
7	9	3	6	2	5	8	4	1
4	6	1	7	8	9	5	2	3
1	4	7	5	3	2	6	9	8
9	5	6	8	7	1	2	3	4
2	3	8	9	4	6	1	5	7

#21

5	3	2	1	6	8	7	9	4
6	8	7	4	9	5	1	3	2
1	9	4	2	3	7	6	5	8
2	1	3	9	8	4	5	6	7
7	5	8	3	1	6	2	4	9
4	6	9	5	7	2	8	1	3
9	2	6	7	4	1	3	8	5
8	4	5	6	2	3	9	7	1
3	7	1	8	5	9	4	2	6

#22

1	4	3	2	8	5	9	6	7
2	8	7	6	3	9	1	4	5
6	9	5	7	1	4	2	3	8
7	3	2	8	4	6	5	1	9
9	1	8	5	2	3	6	7	4
5	6	4	1	9	7	8	2	3
8	5	6	4	7	2	3	9	1
4	2	9	3	5	1	7	8	6
3	7	1	9	6	8	4	5	2

#23

8	6	7	2	4	9	3	5	1
9	5	3	7	6	1	4	2	8
4	1	2	5	8	3	7	9	6
5	9	1	4	7	8	6	3	2
2	3	6	9	1	5	8	7	4
7	8	4	6	3	2	5	1	9
1	7	8	3	9	4	2	6	5
6	2	9	8	5	7	1	4	3
3	4	5	1	2	6	9	8	7

#24

1	8	6	3	5	2	7	4	9
7	5	2	6	9	4	3	8	1
4	9	3	8	1	7	5	6	2
3	7	4	1	6	8	2	9	5
2	1	9	4	7	5	8	3	6
8	6	5	9	2	3	4	1	7
9	3	7	2	4	6	1	5	8
6	2	8	5	3	1	9	7	4
5	4	1	7	8	9	6	2	3

#25

2	4	3	9	7	1	5	6	8
6	5	9	8	2	3	4	7	1
8	7	1	4	6	5	2	3	9
9	6	7	2	8	4	3	1	5
5	8	4	3	1	6	7	9	2
1	3	2	5	9	7	8	4	6
3	1	6	7	5	2	9	8	4
7	2	8	1	4	9	6	5	3
4	9	5	6	3	8	1	2	7

#26

5	8	1	7	2	6	9	3	4
7	2	9	1	3	4	6	8	5
6	4	3	9	8	5	2	1	7
4	5	2	6	1	3	8	7	9
1	7	8	2	5	9	4	6	3
3	9	6	4	7	8	5	2	1
9	1	4	3	6	2	7	5	8
2	3	5	8	4	7	1	9	6
8	6	7	5	9	1	3	4	2

#27

8	6	4	7	9	2	5	1	3
3	1	2	6	5	8	9	7	4
9	7	5	4	1	3	8	2	6
6	5	3	9	8	7	1	4	2
4	2	8	5	6	1	3	9	7
7	9	1	3	2	4	6	8	5
2	3	6	8	4	9	7	5	1
5	4	9	1	7	6	2	3	8
1	8	7	2	3	5	4	6	9

#28

8	7	4	1	6	2	5	3	9
9	3	2	7	8	5	1	4	6
5	6	1	3	4	9	8	2	7
7	4	9	2	1	6	3	8	5
1	5	3	4	7	8	9	6	2
6	2	8	9	5	3	7	1	4
3	8	6	5	9	4	2	7	1
4	9	7	8	2	1	6	5	3
2	1	5	6	3	7	4	9	8

#29

5	1	8	4	3	2	9	6	7
9	2	7	1	6	8	3	4	5
6	3	4	7	5	9	2	8	1
4	7	2	8	9	1	5	3	6
3	5	1	6	2	7	4	9	8
8	6	9	3	4	5	7	1	2
2	9	6	5	1	4	8	7	3
1	8	5	9	7	3	6	2	4
7	4	3	2	8	6	1	5	9

#30

6	2	1	5	4	7	3	8	9
8	9	7	3	2	1	5	4	6
3	4	5	6	8	9	7	1	2
7	1	4	9	5	2	8	6	3
5	6	8	7	3	4	9	2	1
2	3	9	8	1	6	4	5	7
9	5	3	1	6	8	2	7	4
1	7	2	4	9	5	6	3	8
4	8	6	2	7	3	1	9	5

#31

4	5	7	3	2	6	8	1	9
9	3	6	8	1	4	2	5	7
2	8	1	5	7	9	4	3	6
7	2	8	9	5	3	6	4	1
6	1	3	2	4	8	7	9	5
5	4	9	1	6	7	3	8	2
1	7	4	6	8	5	9	2	3
8	9	2	7	3	1	5	6	4
3	6	5	4	9	2	1	7	8

#32

9	8	1	5	2	3	7	4	6
2	3	4	7	6	1	8	5	9
5	7	6	4	8	9	2	1	3
4	5	8	3	1	2	6	9	7
6	1	3	9	7	5	4	2	8
7	9	2	8	4	6	1	3	5
3	4	7	1	5	8	9	6	2
1	2	9	6	3	7	5	8	4
8	6	5	2	9	4	3	7	1

#33

9	1	3	8	2	7	5	4	6
8	5	6	4	3	9	7	2	1
4	2	7	1	5	6	3	8	9
6	8	5	2	4	3	1	9	7
7	4	1	9	8	5	6	3	2
2	3	9	7	6	1	8	5	4
5	6	2	3	1	4	9	7	8
3	7	4	6	9	8	2	1	5
1	9	8	5	7	2	4	6	3

#34

6	3	8	1	2	5	9	4	7
2	1	9	7	6	4	3	5	8
7	5	4	9	3	8	6	2	1
3	6	1	8	4	7	2	9	5
9	8	7	6	5	2	1	3	4
4	2	5	3	9	1	8	7	6
8	7	3	4	1	9	5	6	2
5	4	6	2	8	3	7	1	9
1	9	2	5	7	6	4	8	3

#35

3	7	1	4	2	5	6	9	8
8	4	2	9	7	6	1	3	5
5	6	9	1	8	3	7	4	2
6	2	7	3	1	9	5	8	4
9	5	8	2	6	4	3	7	1
1	3	4	8	5	7	9	2	6
7	9	6	5	4	2	8	1	3
4	1	5	7	3	8	2	6	9
2	8	3	6	9	1	4	5	7

#36

2	7	3	5	6	1	8	4	9
9	8	5	2	3	4	1	6	7
6	4	1	9	7	8	5	2	3
3	9	6	8	1	7	4	5	2
1	2	4	3	5	6	9	7	8
8	5	7	4	9	2	6	3	1
5	1	9	7	4	3	2	8	6
4	3	8	6	2	9	7	1	5
7	6	2	1	8	5	3	9	4

#37

9	7	5	8	1	4	6	3	2
8	1	2	3	6	9	4	5	7
3	6	4	5	2	7	8	1	9
2	4	6	1	5	3	9	7	8
1	9	3	4	7	8	2	6	5
7	5	8	6	9	2	3	4	1
5	8	7	2	3	6	1	9	4
6	2	9	7	4	1	5	8	3
4	3	1	9	8	5	7	2	6

#38

4	7	8	6	9	1	3	2	5
6	9	3	2	5	7	1	8	4
2	1	5	3	4	8	6	7	9
7	6	4	8	3	2	9	5	1
5	3	2	9	1	4	8	6	7
1	8	9	5	7	6	2	4	3
3	4	6	1	2	5	7	9	8
9	2	7	4	8	3	5	1	6
8	5	1	7	6	9	4	3	2

#39

8	2	9	1	4	3	7	5	6
1	5	3	9	6	7	2	8	4
7	4	6	5	8	2	3	1	9
3	1	7	6	5	4	9	2	8
6	9	2	3	1	8	4	7	5
4	8	5	2	7	9	1	6	3
2	6	1	4	3	5	8	9	7
9	3	8	7	2	6	5	4	1
5	7	4	8	9	1	6	3	2

#40

6	1	3	5	4	8	9	7	2
5	4	9	7	3	2	1	6	8
7	8	2	6	1	9	4	5	3
9	3	4	1	8	7	6	2	5
1	6	7	9	2	5	3	8	4
2	5	8	4	6	3	7	9	1
8	2	6	3	9	4	5	1	7
4	9	5	8	7	1	2	3	6
3	7	1	2	5	6	8	4	9

Word Scramble Instructions

Can you put your puzzle solving skills to the test?
We bet you have the talent to do it!

Unscramble the letters into words.

In these next ten pages, you will see various levels of vocabulary that can give you a nice brain tease.

Don't be surprised that may want to go to a dictionary just to find out what some of those words mean.

Not kidding.

Enjoy!

atcaiintrigof = _______________

oeitinsurncr = _______________

uoinpmd = _______________

esenlbtosi = _______________

tyrfice = _______________

iincrnuso = _______________

esscsnuno = _______________

tnniraebiio = _______________

lpmeisvcuo = _______________

ceeandettn = _______________

ygaenlni = _______________

sutoriutga = _______________

ooxnetpisi = _______________

cceletci = _______________

rcropuers = _______________

pnionecti = _______________

tipeaacnme = _______________

pevcieeptr = _______________

ecelpey = _______________

ylnaode = _______________

boriilcriegn = _______________

dnpcpatsiiie = _______________

rsitag = _______________

rnuocc = _______________

stetaoionust = _______________

ilpemdel = _______________

xynaetsrorse = _______________

ystea = _______________

trtaeoeecl = _______________

endsoisnsi = _______________

riymasse = _______________

yeldme = _______________

emsdei = _______________

tpaaiisorn = _______________

edninpmgi = _______________

ycurosr = _______________

llowabyeck = _______________

stcensnia = _______________

eymgrmnisa = _______________

mreinssoi = _______________

ehseooougnm = _______________

iprcneltodei = _______________

rginephrzaoc = _______________

trepond = _______________

ganygolee = _______________

irstep = _______________

eltpneelr = _______________

rtitniagae = _______________

igaarel = _______________

egssnei = _______________

blaenffei = _______________

oenypgr = _______________

ctcensodooy = _______________

crhroneilc = _______________

tenntritmiet = _______________

seulodpun = _______________

alrpsmuia = _______________

tnoahyrzpo = _______________

netrpnoop = _______________

euustno = _______________

nuiaaitltri = _______________

fyafgeailn = _______________

nciejottrnie = _______________

nfuecd = _______________

pahyloarcp = _______________

orpnoufd = _______________

ciuoftlies = _______________

zuitakr = _______________

raalhms = _______________

iynrdotfup = _______________

idoczin = _______________

psuru = _______________

loihpcara = _______________

eyllosglew = _______________

seveirl = _______________

pirayt = _______________

ctepjiolre = _______________

tsrdiarpne = _______________

elliayumatczg = _______________

erpyzh = _______________

itszrtihe = _______________

zzganggiig = _______________

gider = _______________

locumcnriuicto = _______________

suoalze = _______________

npgiauy = _______________

reoeps = _______________

ageoersuizcbin = _______________

maoaird = _______________

baazr = _______________

tcaihpate = _______________

qaysona = _______________

salceitkp = _______________

ieosytnrpp = _______________

yirokiat = _______________

enerdpect = _______________

zihblapeoo = _______________

yrrctjoate = _______________

lippenez = _______________

denkli = _______________

aehuargn = _______________

eucorusld = _______________

savebari = _______________

nrefcoteitu = _______________

otcerv = _______________

woerc = _______________

snecoecn = _______________

linlwbigo = _______________

ngeedern = _______________

vreieper = _______________

taierbcdel = _______________

icoestre = _______________

niedrsc = _______________

nosixou = _______________

tbaoeurd = _______________

hobar = _______________

dagsulrg = _______________

preamh = _______________

ifnalptfi = _______________

lbpeulais = _______________

fkicel = _______________

pglamaiirs = _______________

lyunifl = _______________

corpfili = _______________

nasthe = _______________

tscmisaoh = _______________

ntaetgn = _______________

nwerno = _______________

abtsina = _______________

uaencn = _______________

perelte = _______________

gatinelb = _______________

rylthnaib = _______________

tkyont = _______________

raeinti = _______________

ltaatbn = _______________

ueintarremon = _______________

efcniesrhna = _______________

twydar = _______________

klib = _______________

hcnaeen = _______________

ltcavlaei = _______________

dbihegtl = _______________

yarrp = _______________

mtesabaen = _______________

lacdpi = _______________

obtsue = _______________

atmlsnai = _______________

lcsupcruare	= _______________	irlettabeo	= _______________
ovteecjbi	= _______________	dtpulai	= _______________
rosiluonet	= _______________	andtsoregh	= _______________
srocelymha	= _______________	laeacdoc	= _______________
dbsnursbuel	= _______________	icgnre	= _______________
oslrebt	= _______________	troaehpl	= _______________
eeplrte	= _______________	ctrelalsuk	= _______________
sudenhor	= _______________	bieatlgn	= _______________
ufnllyi	= _______________	rspberileenhe	= _______________
nneovme	= _______________	adtpuerie	= _______________
ehsmindo	= _______________	elupmmt	= _______________
umsabsetoi	= _______________	mrteep	= _______________
nzelzu	= _______________	ilebpla	= _______________
cirdsen	= _______________	atncioieunn	= _______________
ydatr	= _______________	intnisaroeg	= _______________
tbihle	= _______________	bageisrhnr	= _______________
uhsehsaignt	= _______________	lpiianftf	= _______________
tsuabesr	= _______________	aretgaob	= _______________
quibeol	= _______________	dmtuei	= _______________
aetbosucf	= _______________	ealttmnnaoi	= _______________
nilcaoc	= _______________	obnaotilsu	= _______________
eiucntaos	= _______________	byamlseph	= _______________
bnltiarhenyi	= _______________	ceilbdre	= _______________
tbavoie	= _______________	gempalu	= _______________
inegam	= _______________		

pieetsr	= _______________	cneidduja	= _______________
eisrstiuputro	= _______________	aiatcedme	= _______________
rltauci	= _______________	nceapmeati	= _______________
yslur	= _______________	zjridpoaee	= _______________
mcahisilw	= _______________	mdopiu	= _______________
pterbsosroue	= _______________	ohirsob	= _______________
oolnmap	= _______________	bosambt	= _______________
arpecrteeu	= _______________	nsogticjii	= _______________
aonbme	= _______________	neehnonomp	= _______________
aurpieetvls	= _______________	neiilpsiht	= _______________
tltnee	= _______________	ntjau	= _______________
elmereahp	= _______________	stoanner	= _______________
theglpacim	= _______________	suvleie	= _______________
asiuecqec	= _______________	ipeecur	= _______________
ncnaoecnalh	= _______________	emaocmsunt	= _______________
tooylgeym	= _______________	isolivubo	= _______________
lcsiobele	= _______________	bigenn	= _______________
lufllwi	= _______________	unstoue	= _______________
notrteic	= _______________	yppithlhoanr	= _______________
ehtw	= _______________	yadohccoinphr	= _______________
eypoarontmrc	= _______________	eonrtled	= _______________
auwfgf	= _______________	serilpgihhocy	= _______________
aopsriylte	= _______________	nelibeetrlg	= _______________
tytrgi	= _______________	rrggioseua	= _______________
picytcr	= _______________	adcnoim	= _______________

gycmnriiool = _______________

ntolegyvi = _______________

yxztaoo = _______________

driepnit = _______________

mroscpiemo = _______________

rnsftcmioo = _______________

nhnoatlcna = _______________

ltmaeue = _______________

dari = _______________

pyaethm = _______________

abis = _______________

nazerb = _______________

crneecenvog = _______________

nsiadid = _______________

ertrasdein = _______________

oligycnora = _______________

rnrusaooc = _______________

seifidpuro = _______________

ryitevads = _______________

venecrere = _______________

vntaaicyorl = _______________

cblaeoatolr = _______________

sunithece = _______________

osrqlueuu = _______________

pmahoghlyloot = _______________

gmyyoloz = _______________

dnindcencsgeo = _______________

ntedigli = _______________

oldfir = _______________

tzcisenocoh = _______________

farugl = _______________

myoloocgs = _______________

fitudrtoe = _______________

reipcroatnsta = _______________

snnietiaeolcqun = _______________

ferost = _______________

plyggotoly = _______________

ygozloyg = _______________

eexmlrapy = _______________

yseoprtpri = _______________

ircocesoup = _______________

tudpenr = _______________

tredvgine = _______________

idsceditr = _______________

mnnudea = _______________

toutirosfu = _______________

oohglpiyo = _______________

pnioscaosm = _______________

psoict = _______________

bvetlnenoe = _______________

expa = _______________ batcedai = _______________

ghyhtua = _______________ raafrnecoeb = _______________

etomlmcadair = _______________ aaclteiptu = _______________

itzrsineuc = _______________ negeantxuit = _______________

eldritseeuo = _______________ ecirslveu = _______________

iental = _______________ tteeacish = _______________

shhptosiye = _______________ rtooar = _______________

aaiinrhtoccns = _______________ umerd = _______________

egtvnriane = _______________ nnvcaetees = _______________

otoanevirn = _______________ oeutbirsso = _______________

trraoebcoro = _______________ yannc = _______________

riaictceooinnl = _______________ npoenatssou = _______________

unpteol = _______________ rnbatoiare = _______________

uemdaggeo = _______________ niseoirdsg = _______________

acasoipuc = _______________ idanlncoiot = _______________

eitlineabv = _______________ bahor = _______________

agtonpbooohyril = _______________ uitvtiein = _______________

teripsuonet = _______________ dehcrap = _______________

osiltybb = _______________ vacrtepivoo = _______________

bailcema = _______________ hrtfuag = _______________

cygtasia = _______________ hleereamp = _______________

espcnit = _______________ yulams = _______________

nomyaal = _______________ usburqe = _______________

goooblyignot = _______________ aollycmtogi = _______________

araacreidme = _______________ ratacipmg = _______________

mylneagoo = _______________

tmiegsyhlocrapd = _______________

lcsapoeyog = _______________

yecroogm = _______________

yoigngotagl = _______________

eoyelmrog = _______________

oghyarlogp = _______________

lnabervee = _______________

hygetonne = _______________

lgyidaoocr = _______________

olgyiogsno = _______________

coglagilyo = _______________

hothnoygetoodlme = _______________

sesufuulorp = _______________

gnmsonico = _______________

goroelgy = _______________

dnectivia = _______________

talsgoiehoyn = _______________

yoglneloga = _______________

eogotylh = _______________

aogyagrltmom = _______________

gtlphragypoy = _______________

ttuisnoatose = _______________

tongylohe = _______________

jtlbauniio = _______________

uussipor = _______________

aisanbt = _______________

yeipogmslote = _______________

egocionrms = _______________

coighmtsnoyluoe = _______________

sotedhin = _______________

iayrncologc = _______________

iseaasntttbu = _______________

rmiagscehp = _______________

uitrteispousr = _______________

nioeecscght = _______________

haeecyndk = _______________

olsistrkoilfc = _______________

lthcaeyoosg = _______________

oshcnitmeo = _______________

ynoggalio = _______________

loogsglyos = _______________

muetpi = _______________

oeoglontgry = _______________

gorlgaoyet = _______________

ivoluflogy = _______________

gylrgnmaooi = _______________

utosmepiu = _______________

pryclgooo = _______________

ocgltyyrop = _______________ yeomyltog = _______________
ilsrfyort = _______________ oblglbiioy = _______________
oybgnolrto = _______________ piyplees = _______________
oreylhnodogcdrno = _______________ yaoloclig = _______________
agooblyt = _______________ ohtprygpya = _______________
ydeologctlai = _______________ tcilsbobii = _______________
gcyoolcido = _______________ ooeotoeyrlcplg = _______________
minroedyaacs = _______________ ahcpisgrdai = _______________
mcerbistoi = _______________ yboant = _______________
nibscmooi = _______________ aologbyotrm = _______________
yovroilg = _______________ ayooilgbd = _______________
sctdlmoiapi = _______________ yogoyrbcloi = _______________
icesurle = _______________ uiaoetncsra = _______________
bgyoloi = _______________ ylcnloiog = _______________
mciitetrscash = _______________ zyruygm = _______________
ysmbaicrt = _______________ ylmdsogoe = _______________
itricpods = _______________ ynoldgoote = _______________
iybexglooo = _______________ oclhcynoog = _______________
tgyieool = _______________ eoodrndlyg = _______________
hyolongcroibo = _______________ icesncaogc = _______________
olceygsotom = _______________ syhlgoorcy = _______________
rygbolyo = _______________ oelagtodrmy = _______________
gonaothrploy = _______________ guorlfyuto = _______________
geldnoyoom = _______________ asilcocifr = _______________
ocolyegotm = _______________

otorryhalg = _______________

ntioedscreoa = _______________

lgoytfalooc = _______________

elocoagoyn = _______________

agostaloyc = _______________

rpnohaeacogy = _______________

ooyocngl = _______________

omstoiieszco = _______________

ogneydalo = _______________

oolgoy = _______________

ivcsrit = _______________

soasminoct = _______________

neogloyo = _______________

oiykoolg = _______________

golyhoaaroocze = _______________

oahonpgly = _______________

olgmayisooon = _______________

ygtslaorio = _______________

sirctobest = _______________

opetyrtom = _______________

oeledyooga = _______________

gioapyol = _______________

yhoposszic = _______________

loydoonogt = _______________

eyiobolgoc = _______________

gpmloaoaync = _______________

eyoigolrno = _______________

ootnygol = _______________

oyatglrso = _______________

goonlyiv = _______________

pogoylot = _______________

troryemelatosoog = _______________

oaogeclyhra = _______________

oiylcmgvoti = _______________

ageolyro = _______________

blogeayorio = _______________

pitloyacrh = _______________

ozylisogoypho = _______________

helogcary = _______________

eaaircts = _______________

pyaeeotialhrl = _______________

zyohyopootlg = _______________

esgoyoalgtro = _______________

gbooyomrl = _______________

olailegyoohtr = _______________

yclohaogr = _______________

yoldogo = _______________

looeygra = _______________

accssuoti = _______________

Solutions

Word Scramble

atcaiintrigof = gratification		ilpemdel = impelled	
oeitinsurncr = insurrection		xynaetsrorse = extrasensory	
uoinpmd = impound		ystea = yeast	
esenlbtosi = ostensible		trtaeoeecl = electorate	
tyrfice = rectify		endsoisnsi = dissension	
iincrnuso = incursion		riymasse = emissary	
esscsnuno = consensus		yeldme = yelmed	
tnniraebiio = inebriation		emsdei = demise	
lpmeisvcuo = compulsive		tpaaiisorn = aspiration	
ceeandettn = antecedent		edninpmgi = impending	
ygaenlni = yeanling		ycurosr = cursory	
sutoriutga = gratuitous		llowabyeck = yellowback	
ooxnetpisi = exposition		stcensnia = incessant	
cceletci = eclectic		eymgrmnisa = yammerings	
rcropuers = precursor		mreinssoi = remission	
pnionecti = inception		ehseooougnm = homogeneous	
tipeaacnme = emancipate		iprcneltodei = predilection	
pevcieeptr = perceptive		rginephrzaoc = zincographer	
ecelpey = ycleepe		trepond = portend	
ylnaode = yealdon		ganygolee = genealogy	
boriilcriegn = incorrigible		irstep = esprit	
dnpcpatsiiie = appendicitis		eltpneelr = repellent	
rsitag = gratis		rtitniagae = ingratiate	
rnuocc = concur		igaarel = regalia	
stetaoionust = ostentatious		egssnei = genesis	

blaenffei = ineffable
oenypgr = progeny
ctcensodooy = yoctosecond
crhroneilc = chronicler
tenntritmiet = intermittent
seulodpun = pendulous
alrpsmuia = marsupial
tnoahyrzpo = zoanthropy
netrpnoop = proponent
euustno = tenuous
nuiaaitltri = utilitarian
fyafgeailn = yaffingale
nciejottrnie = interjection
nfuecd = fecund
pahyloarcp = apocryphal
orpnoufd = profound
ciuoftlies = felicitous
zuitakr = zikurat
raalhms = marshal
iynrdotfup = profundity
idoczin = zincoid
psuru = usurp
loihpcara = parochial
eyllosglew = yellowlegs
seveirl = servile

pirayt = parity
ctepjiolre = projectile
tsrdiarpne = transpired
elliayumatczg = zeugmatically
erpyzh = zephyr
itszrtihe = zitherist
zzganggiig = zigzagging
gider = dirge
locumcnriuicto = circumlocution
suoalze = zealous
npgiauy = yauping
reoeps = repose
ageoersuizcbin = zingiberaceous
maoaird = diorama
baazr = zabra
tcaihpate = apathetic
qaysona = yaqonas
salceitkp = skeptical
ieosytnrpp = propensity
yirokiat = yakitori
enerdpect = precedent
zihblapeoo = zelophobia
yrrctjoate = trajectory
lippenez = zeppelin

denkli	=	kindle	nasthe	=	hasten
aehuargn	=	harangue	tscmisaoh	=	masochist
eucorusld	=	credulous	ntaetgn	=	tangent
savebari	=	abrasive	nwerno	=	renown
nrefcoteitu	=	counterfeit	abtsina	=	abstain
otcerv	=	covert	uaencn	=	nuance
woerc	=	cower	perelte	=	replete
snecoecn	=	ensconce	gatinelb	=	tangible
linlwbigo	=	billowing	rylthnaib	=	labyrinth
ngeedern	=	engender	tkyont	=	knotty
vreieper	=	reprieve	raeinti	=	inertia
taierbcdel	=	creditable	ltaatbn	=	blatant
icoestre	=	esoteric	ueintarremon	=	remuneration
niedrsc	=	discern	efcniesrhna	=	enfranchise
nosixou	=	noxious	twydar	=	tawdry
tbaoeurd	=	obdurate	klib	=	bilk
hobar	=	abhor	hcnaeen	=	enhance
dagsulrg	=	sluggard	ltcavlaei	=	vacillate
preamh	=	hamper	dbihegtl	=	blighted
ifnalptfi	=	plaintiff	yarrp	=	parry
lbpeulais	=	plausible	mtesabaen	=	abasement
fkicel	=	fickle	lacdpi	=	placid
pglamaiirs	=	plagiarism	obtsue	=	obtuse
lyunifl	=	nullify	atmlsnai	=	talisman
corpfili	=	prolific			

lcsupcruare	=	crepuscular	irlettabeo	=	obliterate
ovteecjbi	=	objective	dtpulai	=	plaudit
rosiluonet	=	resolution	andtsoregh	=	headstrong
srocelymha	=	lachrymose	laeacdoc	=	accolade
dbsnursbuel	=	blunderbuss	icgnre	=	cringe
oslrebt	=	bolster	troaehpl	=	plethora
eeplrte	=	replete	ctrelalsuk	=	lackluster
sudenhor	=	enshroud	bieatlgn	=	tangible
ufnllyi	=	nullify	rspberileenhe	=	reprehensible
nneovme	=	envenom	adtpuerie	=	repudiate
ehsmindo	=	hedonism	elupmmt	=	plummet
umsabsetoi	=	abstemious	mrteep	=	temper
nzelzu	=	nuzzle	ilebpla	=	pliable
cirdsen	=	rescind	atncioieunn	=	enunciation
ydatr	=	tardy	intnisaroeg	=	resignation
tbihle	=	blithe	bageisrhnr	=	harbingers
uhsehsaignt	=	haughtiness	lpiianftf	=	plaintiff
tsuabesr	=	abstruse	aretgaob	=	abrogate
quibeol	=	oblique	dmtuei	=	tedium
aetbosucf	=	obfuscate	ealttmnnaoi	=	lamentation
nilcaoc	=	laconic	obnaotilsu	=	absolution
eiucntaos	=	tenacious	byamlseph	=	blasphemy
bnltiarhenyi	=	labyrinthine	ceilbdre	=	credible
tbavoie	=	obviate	gempalu	=	plumage
inegam	=	enigma			

pieetsr	=	respite	cneidduja	=	jaundiced
eisrstiuputro	=	surreptitious	aiatcedme	=	emaciated
rltauci	=	curtail	nceapmeati	=	emancipate
yslur	=	surly	zjridpoaee	=	jeopardize
mcahisilw	=	whimsical	mdopiu	=	podium
pterbsosroue	=	obstreperous	ohirsob	=	boorish
oolnmap	=	lampoon	bosambt	=	bombast
arpecrteeu	=	recuperate	nsogticjii	=	jingoistic
aonbme	=	bemoan	neehnonomp	=	phenomenon
aurpieetvls	=	superlative	neiilpsiht	=	philistine
tltnee	=	nettle	ntjau	=	jaunt
elmereahp	=	ephemeral	stoanner	=	resonant
theglpacim	=	phlegmatic	suvleie	=	elusive
asiuecqec	=	acquiesce	ipeecur	=	epicure
ncnaoecnalh	=	nonchalance	emaocmsunt	=	consummate
tooylgeym	=	etymology	isolivubo	=	oblivious
lcsiobele	=	bellicose	bigenn	=	benign
luflIwi	=	willful	unstoue	=	tenuous
notrteic	=	contrite	yppithlhoanr	=	philanthropy
ehtw	=	whet	yadohccoinphr	=	hypochondriac
eypoarontmrc	=	contemporary	eonrtled	=	redolent
auwfgf	=	guffaw	serilpgihhocy	=	hieroglyphics
aopsriylte	=	epistolary	nelibeetrlg	=	belligerent
tytrgi	=	gritty	rrggioseua	=	gregarious
picytcr	=	cryptic	adcnoim	=	nomadic

gycmnriiool	=	criminology	gmyyoloz	=	zymology
ntolegyvi	=	longevity	dnindcencsgeo	=	condescending
yxztaoo	=	zootaxy	ntedigli	=	diligent
driepnit	=	intrepid	oldfir	=	florid
mroscpiemo	=	compromise	tzcisenocoh	=	zootechnics
rnsftcmioo	=	conformist	farugl	=	frugal
nhnoatlcna	=	nonchalant	myoloocgs	=	cosmology
ltmaeue	=	emulate	fitudrtoe	=	fortitude
dari	=	arid	reipcroatnsta	=	procrastinate
pyaethm	=	empathy	snnietiaeolcqun	=	inconsequential
abis	=	bias	ferost	=	foster
nazerb	=	brazen	plyggotoly	=	glyptology
crneecenvog	=	convergence	ygozloyg	=	zygology
nsiadid	=	disdain	eexmlrapy	=	exemplary
ertrasdein	=	restrained	yseoprtpri	=	prosperity
oligycnora	=	craniology	ircocesoup	=	precocious
rnrusaooc	=	rancorous	tudpenr	=	prudent
seifidpuro	=	perfidious	tredvgine	=	divergent
ryitevads	=	adversity	idsceditr	=	discredit
venecrere	=	reverence	mnnudea	=	mundane
vntaaicyorl	=	clairvoyant	toutirosfu	=	fortuitous
cblaeoatolr	=	collaborate	oohglpiyo	=	ophiology
sunithece	=	euthenics	pnioscaosm	=	compassion
osrqlueuu	=	querulous	psoict	=	optics
pmahoghlyloot	=	ophthalmology	bvetlnenoe	=	benevolent

expa	=	apex	batcedai	=	abdicate
ghyhtua	=	haughty	raafrnecoeb	=	forbearance
etomlmcadair	=	melodramatic	aaclteiptu	=	capitulate
itzrsineuc	=	scrutinize	negeantxuit	=	extenuating
eldritseeuo	=	deleterious	ecirslveu	=	reclusive
iental	=	entail	tteeacish	=	aesthetic
shhptosiye	=	hypothesis	rtooar	=	orator
aaiinrhtoccns	=	anachronistic	umerd	=	demur
egtvnriane	=	enervating	nnvcaetees	=	evanescent
otoanevirn	=	renovation	oeutbirsso	=	boisterous
trraoebcoro	=	corroborate	yannc	=	canny
riaictceooinnl	=	reconciliation	npoenatssou	=	spontaneous
unpteol	=	opulent	rnbatoiare	=	aberration
uemdaggeo	=	demagogue	niseoirdsg	=	digression
acasoipuc	=	capacious	idanlncoiot	=	conditional
eitlineabv	=	inevitable	bahor	=	abhor
agtonpbooohyril	=	anthropobiology	uitvtiein	=	intuitive
teripsuonet	=	pretentious	dehcrap	=	parched
osiltybb	=	lobbyist	vacrtepivoo	=	provocative
bailcema	=	amicable	hrtfuag	=	fraught
cygtasia	=	sagacity	hleereamp	=	ephemeral
espcnit	=	inspect	yulams	=	asylum
nomyaal	=	anomaly	usburqe	=	brusque
gooobIyignot	=	gnotobiology	aollycmtogi	=	climatology
araacreidme	=	camaraderie	ratacipmg	=	pragmatic

mylneagoo = anemology
tmiegsyhlocrapd = dermatoglyphics
lcsapoeyog = escapology
yecroogm = gerocomy
yoigngotagl = gigantology
eoyelmrog = eremology
oghyarlogp = graphology
lnabervee = venerable
hygetonne = ethnogeny
lgyidaoocr = cardiology
olgyiogsno = gnosiology
coglagilyo = glaciology
hothnoygetoodlme = ethnomethodology
sesufuulorp = superfluous
gnmsonico = gnomonics
goroelgy = ergology
dnectivia = vindicate
talsgoiehoyn = astheniology
yoglneloga = angelology
eogotylh = ethology
aogyagrltmom = grammatology
gtlphragypoy = glyptography
ttuisnoatose = ostentatious
tongylohe = ethnology
jtlbauniio = jubilation

uussipor = spurious
aisanbt = abstain
yeipogmslote = epistemology
egocionrms = ergonomics
coighmtsnoyluoe = ethnomusicology
sotedhin = hedonist
iayrncologc = carcinology
iseaasntttbu = substantiate
rmiagscehp = graphemics
uitrteispousr = surreptitious
nioeecscght = geotechnics
haeecyndk = hackneyed
olsistrkoilfc = folkloristics
lthcaeyoosg = eschatology
oshcnitmeo = ethonomics
ynoggalio = angiology
loogsglyos = glossology
muetpi = impute
oeoglontgry = gerontology
gorlgaoyet = geratology
ivoluflogy = fluviology
gylrgnmaooi = graminology
utosmepiu = impetuous
pryclgooo = coprology

ocgltyyrop = cryptology
ilsrfyort = floristry
oybgnolrto = brontology
oreylhnodogcdrno = dendrochronology
agooblyt = batology
ydeologctlai = dialectology
gcyoolcido = codicology
minroedyaacs = aerodynamics
mcerbistoi = biometrics
nibscmooi = bionomics
yovroilg = virology
sctdlmoiapi = diplomatics
icesurle = ciselure
bgyoloi = biology
mciitetrscash = chrematistics
ysmbaicrt = cambistry
itricpods = dioptrics
iybexglooo = exobiology
tgyieool = etiology
hyolongcroibo = chronobiology
olceygsotom = cosmetology
rygbolyo = bryology
gonaothrploy = anthropology
geldnoyoom = demonology
ocolyegotm = cometology

yeomyltog = etymology
oblglbiioy = bibliology
piyplees = epilepsy
yaoloclig = caliology
ohtprygpya = typography
tcilsbobii = bibliotics
ooeotoeyrlcplg = coleopterology
ahcpisgrdai = diagraphics
yboant = botany
aologbyotrm = bromatology
ayooilgbd = diabology
yogoyrbcloi = cryobiology
uiaoetncsra = aeronautics
ylcnloiog = clinology
zyruygm = zymurgy
ylmdsogoe = desmology
ynoldgoote = deontology
oclhcynoog = conchology
eoodrndlyg = dendrology
icesncaogc = cacogenics
syhlgoorcy = chrysology
oelagtodrmy = dermatology
guorlfyuto = futurology
asilcocifr = calorifics

otorryhalg	=	arthrology	gpmloaoaync	=	campanology
ntioedscreoa	=	aerodonetics	eyoigolrno	=	oneirology
lgoytfalooc	=	olfactology	ootnygol	=	ontology
elocoagoyn	=	oceanology	oyatglrso	=	astrology
agostaloyc	=	astacology	goonlyiv	=	vinology
rpnohaeacogy	=	oceanography	pogoylot	=	optology
ooyocngl	=	oncology	troryemelatosoog	=	astrometeorology
omstoiieszco	=	zoosemiotics	oaogeclyhra	=	archaeology
ogneydalo	=	adenology	oiylcmgvoti	=	victimology
oolgoy	=	oology	ageolyro	=	areology
ivcsrit	=	vitrics	blogeayorio	=	aerobiology
soasminoct	=	onomastics	pitloyacrh	=	arctophily
neogloyo	=	oenology	ozylisogoypho	=	zoophysiology
oiykoolg	=	oikology	helogcary	=	archelogy
golyhoaaroocze	=	zooarchaeology	eaaircts	=	aretaics
oahonpgly	=	aphnology	pyaeeotialhrl	=	aerophilately
olgmayisooon	=	onomasiology	zyohyopootlg	=	zoophytology
ygtslaorio	=	aristology	esgoyoalgtro	=	astrogeology
sirctobest	=	obstetrics	gbooyomrl	=	ombrology
opetyrtom	=	optometry	olailegyoohtr	=	aerolithology
oeledyooga	=	aedoeology	yclohaogr	=	archology
gioapyol	=	apiology	yoldogo	=	odology
yhoposszic	=	zoophysics	looeygra	=	aerology
loydoonogt	=	odontology	accssuoti	=	acoustics
eyiobolgoc	=	bioecology			

Maze Instructions

The object of the puzzle is to move through the maze from the entrance to the exit.

Add a spin to the puzzle:

If you really want to make it a true game of logical wit, add a timer from your phone or your watch to see how quickly you move from the entrance point to the exit point.

Hey, it's only YOU against YOU, right?

Solutions

Nurikabe Instructions

For this activity, use a pencil for shading...
And possibly an eraser. There are some rules to this puzzle.
(Colored pencils would make this fun.)

Each cell will either be shaded or left unshaded. The number is a clue to how many cells will make up to one island.
***Rule:** Each island contains exactly ONE clue.*
You will shade around the cells that make up the island.

Let's say that the shaded cells form "ocean water" that separate each of the islands.

***Rule:** You cannot have an island with two or more clues.*
The number of squares in each island equals the value of the clue.
*All islands are isolated from each other horizontally and vertically. **Tip:** However, islands may touch diagonally.*

***Rule:** There **can not** be a wall area of 2x2 or larger. Those are called pools. What you are looking for is a continuous stream of "ocean water" to connect.*

When you your Nurikabe completed, all walls should form a continuous path of connected "water" in the puzzle.

						6									
5		7					11								
	8														
										11					
									5				10		
						7									
									3						
						3									
									4			3			
		7					5						7		
				6											
													6		
						6				4					

		3									4				
			6				5								
		9													6
											5				
														5	
						6					8				
	9							7				4			
															13
			8									10			
					8										
	8							9							
					3										

	8														
												8			3
	4													1	
8							9						2		
														6	
								3			5				
			6												
						4									
									8						
											9				
										1					
			9						13						
												10			
			12												

4		4			8										
												8			
					5								4		
						9									
													8		
	7			5					7						7
							6					7			
11			6												
															6
				11											
											9				
														3	

								5							
				5							7				4
5							6								
			2											7	
	3		7												
		1													
													13		
		3				5									
								5							
7						5			15						
					11										
			8												

		6										4			
						5									8
3								3		9			10		
6							7								
	4														
		2													
						11									
			4		9										15
		3													
12															
						8									
										13					

			4												
		3				6			8						
													7		
	2														
			5							9					
									7						
		9													
							6								
					8						9				
						1							11		
							7			6					
				10											
10													6		

		6			4				6				6		
													7		
	10					9									
															5
							8								
													5		
		11													
	5							6			6				6
					5		6								
					8		3			8					

									8						
14										7		6			
					10										
															6
		6											6		
				7						7					
							8								
											5				
				8		5							6		
													4		
					7						6				
	6								4						

			9						7						
											15				
				7											
		9											9		
				1											
						8		7							
8															12
							4								
								1							
							7			11					
									2						
	8			9						14					
								3							

Solutions

Nurikabe

						6									
5		7					11								
	8														
										11					
									5				10		
						7									
									3						
						3									
									4			3			
		7					5						7		
				6											
													6		
						6				4					

		3									4				
			6				5								
		9													6
											5				
														5	
						6					8				
	9							7				4			
															13
			8									10			
					8										
	8							9							
					3										

	8														
												8			3
	4													1	
8							9						2		
														6	
								3			5				
			6												
						4									
									8						
											9				
										1					
			9						13						
												10			
			12												

4		4			8										
												8			
					5								4		
						9									
													8		
	7			5					7						7
							6					7			
11			6												
															6
				11											
											9				
														3	

								5							
				5							7				4
5							6								
			2											7	
	3		7												
		1													
													13		
		3				5									
								5							
7						5			15						
					11										
			8												

		6										4			
						5									8
3								3		9			10		
6							7								
	4														
		2													
						11									
			4		9										15
		3													
12															
						8									
									13						

			4												
		3				6			8						
													7		
	2														
			5							9					
									7						
		9													
							6								
					8						9				
						1							11		
							7			6					
				10											
10													6		

		6			4				6				6		
													7		
	10					9									
															5
							8								
													5		
		11													
	5							6				6			6
					5		6								
					8		3				8				

									8						
14										7		6			
					10										
															6
		6											6		
				7						7					
							8								
											5				
				8		5							6		
													4		
					7						6				
	6								4						

			9						7						
											15				
				7											
		9										9			
				1											
						8		7							
8															12
							4								
								1							
							7			11					
									2						
	8			9						14					
								3							

Mine Finder Instructions

For this activity, use a pencil for making your own mine icon.
(Colored pencils would make this fun...
maybe a nice ocean blue color.)
You may need an eraser, as well.

Rules:

In the grid puzzle, there are a series of hidden mines. The goal is to find the hidden mines' locations and mark them on the grid...and missing numbers.

The numbers that are shown in some of the squares are hints to help you find the location of the mines near their number.

These numbers tell you how many mines that are hidden near adjacent squares' location - either up, down, left, right, or diagonal.

The squares that show a number will not have a mine.
Blank squares could be empty OR
they could have a mine or missing numbers.

Good Luck!

										2					
1	1	2	2							3	1				
			1								1				
1	1	1	1								1				
					2	1	1	1			1	1	1		
1	1	1			1			1					1	1	1
		1			1			1	1	2					
1	1	2			1					1					
		2	1	1	1	1	1			1	3				
		1			1		1				3				
		1			1	1	1	1	1	1	2				
		2	1	1				1			1	1	2	2	2
2	3			3	2	2	1	2			1				
	1										1				
	2					3	1	2			2				
	1					1		1			1				

	1				1			1							
	1	1	2	2	2	1		1	2	3		2	2	3	2
1	1			2		3	1			1		1			
	2	1	1	2			1			1		1			
1	3				2	2	1			1	1	1			
	2				1										
	1	2	3		1										
			2		3	1						1	1	1	
			1			1		1	2	2	1	1		1	
			1	2		3	2	2			1	1	1	1	
				1							1		1	2	2
1	1	2	1	2							1	1	1		
												1	1	2	2
											2	1			
1	1	1	1								1				
			1								1				

Fun Fact of Knowledge

Did you know the largest mineral mine in the world is in the state of Utah?

It's Bingham Canyon Mine and it is a copper mine, which was a change from the gold and silver 19th century miners were mining back in the day. Sanford and Thomas Bingham pioneered land where copper ore was found.

In 1966, Bingham Canyon Mine officially became a National Historic Landmark.
(A possible trivia question...)

	1		1			1			1					1	
	1		1			2	1	1	1	1	2			1	
	1		1					1			1		2	1	
	1	1	1					3	1	1	1		1		
													1	1	1
1	3		3	2	3			3	1	2					
	2		2		2		3	1		1		2	1	2	
	1	1	2	1	2	1	1			1	1	1		1	1
		1			1		1	1	1						
1	1	2			2	1	1		2	1					
		2	1	2		1	1	2		3	2	1			
1	1	1		1	1	1		1				2			
					1	2	3	2				2	1	2	2
	1	1	1		1				2	1	1	2			
	1		2	1	1	3			2			1		3	2
	1			1		1			1			1		1	

								1		1					
								1		1	1	1	2		
		2	1	2				1	1	1			1		
	2	1		1	2	2	1	1		1	1	1	2	2	2
	1		1	1	1			1	1	1	1		1		
1	2	1	2		2	1					1	1	1		
	1					1			1	1	1				
	1	2				2	1		1		1				
		1					1		1	1	1		1	1	1
		1			2	1	1	1	1	1			1		
		1			2		1			2	1		2		
2	2	2			1	1	2				1		1		
								2	2	1	1		1	1	1
2	3					2	1	1			1	2	2	1	
	2					2					1			1	
	1					2					1			1	

Fun Fact of Knowledge

Did you know that the largest gold mine is in South Africa?

In fact, six of the ten deepest mines are in South Africa with the deepest, Mponeng gold mine, measuring at 3.16km to 3.84km below the surface.

Now, that's a drop we would NOT want to make. Not even for gold.

				1						1					
		1	1	2						1					
	1	2			2	1	1	1	1	2	2	2	1		
	1				1					1			2	1	
1	3		3	1	2	2	2	1		1	2	3		1	
			2		1			1				1		2	1
			2		1			1			1	1			
		2	1	1	1			2	2	1	1		1	1	1
1	1	1		1						1	1	1	1		
				1						1			1	1	1
1	1	1		1						1	2	3	3		
		2	1	1											
									1	1	2	3	3		
									1				2		
			2	1	1	1	1		1				2		
			1				1		1				1		

Solutions

Mine Finder

1	💣	2	💣	💣	💣	1	1	3	💣	2					
1	1	2	2	3	2	2	2	💣	💣	3	1				
			1	1	2	2	💣	3	3	💣	1				
1	1	1	1	💣	2	💣	2	1	1	1	1				
1	💣	1	1	1	2	1	1	1	1	1	1	1	1		
1	1	1	1	1	1			1	💣	1	1	💣	1	1	1
		1	2	💣	1			1	1	2	2	2	1	2	💣
1	1	2	💣	2	1					1	💣	2	1	2	💣
1	💣	2	1	1	1	1	1			1	3	💣	2	1	1
1	1	1			1	💣	1				3	💣	4	2	2
2	2	1			1	1	1	1	1	1	2	💣	3	💣	💣
💣	💣	2	1	1				1	💣	1	1	1	2	2	2
2	3	3	💣	3	2	2	1	2	2	2	1				
	1	💣	4	💣	💣	2	💣	1	1	💣	1				
	2	2	4	💣	4	3	1	2	3	3	2				
	1	💣	2	2	💣	1		1	💣	💣	1				

	1	💣	2	💣	1			1	💣	💣	💣	2	💣	💣	💣
	1	1	2	2	2	1		1	2	3	2	2	2	3	2
1	1			2	💣	3	1			1	1	1			
💣	2	1	1	2	💣	💣	1			1	💣	1			
1	3	💣	3	2	2	2	1			1	1	1			
	2	💣	💣	2	1										
	1	2	3	💣	1										
			2	3	3	1						1	1	1	
			1	💣	💣	1		1	2	2	1	1	💣	1	
			1	2	3	3	2	2	💣	💣	1	1	1	1	
				1	3	💣	💣	3	3	3	1		1	2	2
1	1	2	1	2	💣	💣	4	3	💣	2	1	1	1	💣	💣
2	💣	3	💣	2	2	3	4	💣	3	2	💣	1	1	2	2
2	💣	3	2	2	1	1	💣	💣	3	2	2	1			
1	1	1	1	💣	2	2	3	3	3	💣	1				
			1	1	2	💣	1	1	💣	2	1				

1	1		1	2	2	1			1	💣	1	1	1	1	
💣	1		1	💣	💣	2	1	1	1	1	2	2	💣	1	
1	1		1	2	2	2	💣	1			1	💣	2	1	
1	1	1	1	2	1	3	2	3	1	1	1	1	1		
💣	2	2	💣	2	💣	4	💣	3	💣	1	1	1	1	1	1
1	3	💣	3	2	3	💣	💣	3	1	2	2	💣	1	2	💣
	2	💣	2		2	💣	3	1		1	💣	2	1	2	💣
	1	1	2	1	2	1	1			1	1	1		1	1
		1	2	💣	1		1	1	1						
1	1	2	💣	3	2	1	1	💣	2	1					
1	💣	2	1	2	💣	1	1	2	💣	3	2	1			
1	1	1		1	1	1		1	2	💣	💣	2			
					1	2	3	2	2	3	💣	2	1	2	2
	1	1	1		1	💣	💣	💣	2	1	1	2	2	💣	💣
	1	💣	2	1	1	3	5	💣	2			1	💣	3	2
	1	2	💣	1		1	💣	2	1			1	1	1	

1	2	💣	💣	3	💣	2	💣	1		1	💣	1	1	💣	1
💣	3	4	💣	4	3	4	2	1		1	1	1	2	3	3
2	💣	2	1	2	💣	💣	1	1	1	1			1	💣	💣
2	2	1		1	2	2	1	1	💣	1	1	1	2	2	2
💣	1		1	1	1			1	1	1	1	💣	1		
1	2	1	2	💣	2	1					1	1	1		
	1	💣	3	3	💣	1			1	1	1				
	1	2	💣	2	2	2	1		1	💣	1				
		1	2	2	2	💣	1		1	1	1		1	1	1
		1	2	💣	2	1	1	1	1	1			1	💣	1
		1	💣	3	2		1	2	💣	2	1		2	2	2
2	2	2	2	💣	1	1	2	💣	3	💣	1		1	💣	1
💣	💣	2	2	1	1	1	💣	2	2	1	1		1	1	1
2	3	💣	2	2	2	2	1	1			1	2	2	1	
	2	2	3	💣	💣	2					1	💣	💣	1	
	1	💣	2	3	💣	2					1	2	2	1	

				1	💣	💣	3	💣	2	1					
		1	1	2	3	💣	3	2	💣	1					
	1	2	💣	2	2	1	1	1	1	2	2	2	1		
	1	💣	3	💣	1					1	💣	💣	2	1	
1	3	2	3	1	2	2	2	1		1	2	3	💣	1	
💣	3	💣	2		1	💣	💣	1				1	1	2	1
2	4	💣	2		1	2	2	1			1	1	1	1	💣
1	💣	2	1	1	1	1	1	2	2	1	1	💣	1	1	1
1	1	1		1	💣	2	2	💣	💣	1	1	1	1		
				1	1	2	💣	3	2	1			1	1	1
1	1	1		1	1	2	2	2	1	1	2	3	3	💣	2
1	💣	2	1	1	💣	1	1	💣	1	1	💣	💣	💣	3	💣
1	3	💣	2	2	2	2	1	1	1	1	2	3	3	4	3
1	4	💣	3	1	💣	1	1	1	1				2	💣	💣
1	💣	💣	2	1	1	1	1	💣	1				2	💣	3
1	2	2	1				1	1	1				1	1	1

Kakuro Instructions

It's a NUMBER cross-puzzle!

Use a pencil for this one.

Goal: *To solve what numbers sum up to what is in the shaded boxes (cells) in the puzzle.*

The shaded boxes must equal to what each individual unshaded cells. You can only use numbers 1 through 9.

Solve across the row; and down the column. The individual cell numbers must equal the sum of the shaded number.

Example: A shaded cell in a row has sum 5 & has 2 unshaded cells. So, think, 3, 2 or 1, 4 because each combination equals 5. But guess what? You must solve for sum 16 that is in the column connected to the row that 5 was solved.

Now, did you get that?

Don't fret about the two number cells. Just solve separately each number based on their arrows. → ↓

Rule: *You can not have the same repeat of numbers in cells next to each other. (i.e., no 3,3 for 6 if you have 2 boxes)*

Enjoy!

#1

	45 ↓	32 ↓	6 ↓			37 ↓	13 ↓	12 ↓	27 ↓
17 →				3 ↓	13 ↓ 22 →				
5 →			13 ↓ 27 →						
18 →				32 ↓ 7 →			22 ↓ 8 →		
23 →					23 ↓ 22 →				
31 →								20 ↓ 1 →	
9 →			29 →						
9 →		7 ↓	14 ↓ 24 →						11 ↓
30 →						14 →			
25 →							9 →		

#2

	38 ↓	17 ↓	30 ↓	38 ↓	5 ↓	14 ↓		22 ↓	30 ↓
29 →							18 ↓ 17 →		
19 →					18 ↓ 22 →				
8 →		33 ↓ 30 →							
26 →						6 ↓ 21 →			
30 →							12 ↓ 4 →		
27 →					12 ↓ 9 →			9 ↓	10 ↓
23 →						6 ↓ 10 →			
	3 ↓ 9 →		7 ↓	1 ↓ 16 →					
28 →								1 →	

#3

	14 ↓	2 ↓	14 ↓	37 ↓	18 ↓	3 ↓		34 ↓	15 ↓
28 →							36 ↓ 9 →		
1 →		4 ↓ 19 →				15 →			
24 →						15 ↓ 16 →			
	8 ↓	19 ↓	21 ↓ 7 →		14 →				9 ↓
25 →					14 ↓ 22 →				
38 →									8 ↓
	17 ↓ 6 →			11 ↓ 4 →		7 ↓ 5 →		6 ↓ 8 →	
39 →									3 ↓
30 →							5 →		

#4

	27 ↓	11 ↓		15 ↓	10 ↓	39 ↓	3 ↓	6 ↓	42 ↓
14 →			23 ↓ 24 →						
33 →							19 ↓ 4 →		
6 →		16 ↓ 12 →			30 ↓ 22 →				
14 →				14 →				15 ↓ 7 →	
15 →				15 ↓ 29 →					
10 →			4 ↓ 26 →						
	11 ↓	8 ↓ 32 →							
9 →			5 ↓ 12 →			1 ↓	4 ↓	3 ↓	9 ↓
16 →					17 →				

#5

	16 ↓	37 ↓	28 ↓	23 ↓	4 ↓	25 ↓			24 ↓
28 →							16 ↓	8 ↓ 2 →	
25 →					16 →				
	30 ↓ 13 →				16 ↓ 23 →				
37 →								14 ↓ 6 →	
28 →							26 ↓ 6 →		
7 →			3 ↓	23 ↓ 8 →		15 ↓ 21 →			
33 →								15 ↓	10 ↓
8 →		7 ↓	4 ↓ 9 →		23 →				
24 →					27 →				

#6

	36 ↓	10 ↓	26 ↓	10 ↓	1 ↓	23 ↓	14 ↓	10 ↓	18 ↓
45 →									
20 →					23 ↓ 23 →				
8 →		8 ↓ 26 →						1 →	
20 →				25 ↓ 4 →			30 ↓	14 ↓ 2 →	
5 →			19 ↓ 9 →			1 ↓ 4 →			20 ↓
1 →		11 ↓ 30 →							
23 →						8 ↓ 18 →			
24 →					9 ↓ 7 →			5 ↓ 9 →	
	42 →								

#7

	37 ↓	1 ↓	45 ↓	32 ↓	8 ↓	14 ↓	5 ↓	28 ↓	24 ↓
45 →									
2 →		5 ↓ 20 →					14 ↓ 6 →		
21 →					18 ↓ 24 →				
9 →		17 →				20 ↓ 20 →			
5 →		23 ↓ 27 →						16 ↓	6 ↓
35 →							13 ↓ 11 →		
	8 ↓ 8 →			5 ↓	15 ↓ 15 →				15 ↓
45 →									
17 →				25 →					

#8

	34 ↓	8 ↓	21 ↓	31 ↓	10 ↓	19 ↓			10 ↓
29 →								35 ↓ 3 →	
6 →		14 ↓ 20 →					14 ↓ 11 →		
43 →									9 ↓
21 →					13 ↓	12 ↓ 22 →			
10 →			28 →						
3 →			13 ↓ 6 →				18 ↓ 5 →		14 ↓
		6 ↓ 16 →				10 ↓ 22 →			
	9 ↓ 14 →			7 ↓	5 ↓ 13 →			8 ↓ 5 →	
43 →									

#9

	38 ↓	20 ↓	36 ↓	28 ↓	1 ↓	14 ↓		7 ↓	29 ↓
32 →							16 ↓ 13 →		
22 →					21 ↓ 11 →			4 ↓ 5 →	
25 →						22 ↓ 15 →			
8 →		21 →						9 ↓ 4 →	
6 →		13 ↓ 23 →					20 ↓ 10 →		
35 →								4 ↓ 2 →	
13 →				13 ↓	8 ↓ 16 →				
6 →			4 ↓ 21 →					9 ↓	5 ↓
	18 →					15 →			

#10

		28 ↓	7 ↓	24 ↓	32 ↓	16 ↓	32 ↓	9 ↓	
	38 ↓ 38 →								18 ↓
15 →			18 ↓ 25 →					12 ↓ 2 →	
45 →									
22 →						11 ↓ 16 →			
13 →				24 ↓ 18 →					
8 →			12 ↓ 24 →					10 ↓ 3 →	
1 →		12 ↓ 17 →				9 ↓ 4 →			15 ↓
22 →					1 ↓ 5 →		2 ↓ 17 →		
	28 →							7 →	

#11

	45 ↓			21 ↓	14 ↓	33 ↓	29 ↓	6 ↓	1 ↓
5 →		18 ↓	6 ↓ 31 →						
42 →								6 ↓	23 ↓
6 →			27 ↓ 29 →						
18 →				18 →			22 ↓ 3 →		
6 →		21 ↓ 1 →		16 ↓	19 ↓ 17 →				
35 →							12 →		
28 →							13 ↓ 7 →		
21 →						4 ↓ 14 →			9 ↓
15 →				16 →				9 →	

#12

	12 ↓	39 ↓		30 ↓	8 ↓	25 ↓	10 ↓	1 ↓	14 ↓
17 →			14 ↓ 29 →						
37 →								9 ↓ 9 →	
	11 →				3 →		1 ↓ 2 →		19 ↓
	28 ↓ 14 →				27 ↓ 20 →				
5 →			17 ↓ 15 →				5 ↓ 11 →		
25 →						16 ↓ 5 →		21 ↓ 1 →	
17 →				12 ↓ 13 →			1 ↓ 10 →		
43 →									
2 →		14 →					6 →		

#13

	11↓	30↓	18↓	37↓	29↓	16↓	13↓	1↓	11↓
45→									
32→								8↓ 6→	
	23↓ 19→						33↓ 8→		
12→			19↓ 23→						16↓
18→						7↓ 9→			
36→								8↓ 8→	
2→		9↓ 16→			14↓ 26→				
	3↓ 12→			2↓ 9→		4↓ 3→			9↓
9→			19→					9→	

#14

	45↓	19↓	16↓	7↓	21↓	17↓		25↓	38↓
30→							3↓ 17→		
20→				30↓ 16→					
36→							11↓ 8→		
12→			2↓ 13→			17↓ 10→			
6→		5↓ 5→			16↓ 27→				
12→			16↓ 21→				16↓ 6→		
2→		9↓ 27→						13↓ 2→	
7→				1↓ 2→		1↓ 18→			
17→					14→				

#15

	5 ↓	8 ↓	4 ↓	24 ↓	19 ↓	29 ↓		26 ↓	5 ↓
32 →							26 ↓ 8 →		
2 →		18 ↓ 39 →							
	25 ↓ 2 →		10 ↓ 18 →						8 ↓
17 →					20 ↓ 23 →				
45 →									
13 →			14 ↓	1 ↓ 1 →		19 ↓	7 ↓	14 ↓	
39 →									10 ↓
8 →		5 →		2 ↓ 8 →			7 ↓ 15 →		
3 →		3 →			20 →				

#16

	42 ↓		21 ↓	34 ↓	14 ↓	9 ↓	15 ↓	38 ↓	1 ↓
8 →		35 →							
5 →		18 ↓ 23 →							10 ↓
21 →						4 ↓ 20 →			
17 →					27 ↓ 14 →				
23 →						21 ↓	21 ↓ 13 →		
7 →			19 ↓ 22 →						13 ↓
9 →		11 ↓ 31 →						3 ↓ 3 →	
17 →				6 ↓ 26 →					
	32 →							1 →	

#17

	12 ↓	35 ↓	32 ↓	13 ↓	2 ↓	7 ↓	26 ↓	14 ↓	31 ↓
45 →									
23 →					29 ↓	11 ↓ 20 →			
	27 ↓ 29 →							3 →	
39 →								8 →	
15 →				17 ↓ 7 →		16 ↓ 4 →		12 ↓ 2 →	
26 →							13 ↓ 6 →		
3 →		16 ↓	8 ↓ 5 →		5 ↓ 27 →				
42 →									1 ↓
18 →				4 →				1 →	

#18

	45 ↓	37 ↓	11 ↓	24 ↓	5 ↓	11 ↓	18 ↓		11 ↓
32 →								44 ↓ 3 →	
19 →					3 ↓ 18 →				
21 →						8 ↓ 17 →			
9 →			18 ↓ 8 →				20 ↓ 5 →		19 ↓
12 →					16 ↓ 26 →				
10 →				9 ↓ 9 →		9 ↓ 17 →			
45 →									
44 →									9 ↓
8 →					2 →		12 →		

#19

	31 ↓	31 ↓	22 ↓	23 ↓	28 ↓		16 ↓	8 ↓	
27 →						8 ↓ 11 →			9 ↓
34 →								34 ↓ 1 →	
29 →						6 ↓ 23 →			
7 →			7 ↓ 19 →				24 ↓ 8 →		11 ↓
31 →						16 ↓ 13 →			
9 →		19 ↓	10 ↓ 2 →		14 ↓ 20 →				
14 →				8 ↓ 21 →					
	3 ↓ 36 →								7 ↓
22 →							8 →		

#20

	45 ↓	19 ↓	33 ↓	32 ↓	10 ↓	28 ↓	4 ↓	40 ↓	
40 →									23 ↓
33 →							11 ↓ 9 →		
19 →					26 →				
20 →					17 ↓ 20 →				
5 →		20 ↓ 15 →				6 ↓ 9 →			13 ↓
28 →							18 ↓ 11 →		
8 →			16 ↓	6 ↓ 29 →					
24 →						4 ↓ 17 →			
21 →					10 →			1 →	

Solutions

#1

	45 ↓	32 ↓	6 ↓			37 ↓	13 ↓	12 ↓	27 ↓
17 →	8	3	6	3 ↓	13 ↓ 22 →	6	9	4	3
5 →	4	1	13 ↓ 27 →	3	8	9	4	1	2
18 →	6	9	3	32 ↓ 7 →	5	2	22 ↓ 8 →	2	6
23 →	3	5	6	9	23 ↓ 22 →	7	2	5	8
31 →	2	6	4	1	3	8	7	20 ↓ 1 →	1
9 →	1	8	29 →	2	5	4	8	3	7
9 →	9	7 ↓	14 ↓ 24 →	5	8	1	4	6	11 ↓
30 →	5	4	8	7	6	14 →	1	9	4
25 →	7	3	6	8	1		9 →	2	7

#2

	38 ↓	17 ↓	30 ↓	38 ↓	5 ↓	14 ↓		22 ↓	30 ↓
29 →	4	8	1	2	5	9	18 ↓ 17 →	9	8
19 →	6	9	3	1	18 ↓ 22 →	2	7	4	9
8 →	8	33 ↓ 30 →	4	7	8	3	2	1	5
26 →	9	4	2	5	6	6 ↓ 21 →	9	5	7
30 →	1	8	6	9	4	2	12 ↓ 4 →	3	1
27 →	7	5	9	6	12 ↓ 9 →	4	5	9 ↓	10 ↓
23 →	3	1	5	8	6	6 ↓ 10 →	1	6	3
	3 ↓ 9 →	9	7 ↓	1 ↓ 16 →	1	2	4	3	6
28 →	3	6	7	1	5	4	2	1 →	1

#3

	14 ↓	2 ↓	14 ↓	37 ↓	18 ↓	3 ↓		34 ↓	15 ↓
28 →	4	2	5	6	8	3	36 ↓ 9 →	2	7
1 →	1	4 ↓ 19 →	7	3	9	15 →	4	5	6
24 →	9	4	2	8	1	15 ↓ 16 →	6	8	2
	8 ↓	19 ↓	21 ↓ 7 →	7	14 →	2	3	9	9 ↓
25 →	2	6	8	9	14 ↓ 22 →	5	1	7	9
38 →	6	1	5	4	2	8	9	3	8 ↓
	17 ↓ 6 →	2	4	11 ↓ 4 →	4	7 ↓ 5 →	5	6 ↓ 8 →	8
39 →	9	7	3	2	1	5	8	4	3 ↓
30 →	8	3	1	9	7	2	5 →	2	3

#4

	27 ↓	11 ↓		15 ↓	10 ↓	39 ↓	3 ↓	6 ↓	42 ↓
14 →	8	6	23 ↓ 24 →	4	1	6	3	2	8
33 →	1	5	3	8	9	7	19 ↓ 4 →	1	3
6 →	6	16 ↓ 12 →	9	3	30 ↓ 22 →	9	6	3	4
14 →	3	4	7	14 →	8	2	4	15 ↓ 7 →	7
15 →	2	9	4	15 ↓ 29 →	9	4	3	8	5
10 →	7	3	4 ↓ 26 →	7	5	3	1	4	6
	11 ↓	8 ↓ 32 →	4	2	1	8	5	3	9
9 →	3	6	5 ↓ 12 →	5	7	1 ↓	4 ↓	3 ↓	9 ↓
16 →	8	2	5	1	17 →	1	4	3	9

#5

	16 ↓	37 ↓	28 ↓	23 ↓	4 ↓	25 ↓			24 ↓
28 →	7	8	6	2	4	1	16 ↓	8 ↓ 2 →	2
25 →	9	5	3	8	16 →	2	6	1	7
	30 ↓ 13 →	2	8	3	16 ↓ 23 →	5	8	7	3
37 →	9	6	7	4	1	8	2	14 ↓ 6 →	6
28 →	1	3	4	6	5	9	26 ↓ 6 →	5	1
7 →	3	4	3 ↓	23 ↓ 8 →	8	15 ↓ 21 →	7	9	5
33 →	4	9	3	6	2	1	8	15 ↓	10 ↓
8 →	8	7 ↓	4 ↓ 9 →	9	23 →	5	6	8	4
24 →	5	7	4	8	27 →	9	5	7	6

#6

	36 ↓	10 ↓	26 ↓	10 ↓	1 ↓	23 ↓	14 ↓	10 ↓	18 ↓
45 →	3	4	9	2	1	8	5	7	6
20 →	4	6	7	3	23 ↓ 23 →	5	6	3	9
8 →	8	8 ↓ 26 →	2	5	9	7	3	1 →	1
20 →	7	5	8	25 ↓ 4 →	1	3	30 ↓	14 ↓ 2 →	2
5 →	2	3	19 ↓ 9 →	6	3	1 ↓ 4 →	1	3	20 ↓
1 →	1	11 ↓ 30 →	4	5	2	1	9	6	3
23 →	5	1	6	3	8	8 ↓ 18 →	7	5	6
24 →	6	3	8	7	9 ↓ 7 →	2	5	5 ↓ 9 →	9
	42 →	7	1	4	9	6	8	5	2

#7

	37 ↓	1 ↓	45 ↓	32 ↓	8 ↓	14 ↓	5 ↓	28 ↓	24 ↓
45 →	8	1	4	3	6	2	5	7	9
2 →	2	5 ↓ 20 →	1	8	2	9	14 ↓ 6 →	4	2
21 →	7	5	8	1	18 ↓ 24 →	3	7	8	6
9 →	9	17 →	2	7	8	20 ↓ 20 →	4	9	7
5 →	5	23 ↓ 27 →	6	9	7	2	3	16 ↓	6 ↓
35 →	6	5	9	4	3	8	13 ↓ 11 →	5	6
	8 ↓ 8 →	3	5	5 ↓	15 ↓ 15 →	5	4	6	15 ↓
45 →	3	6	7	5	8	4	1	2	9
17 →	5	9	3	25 →	7	1	8	3	6

#8

	34 ↓	8 ↓	21 ↓	31 ↓	10 ↓	19 ↓			10 ↓
29 →	4	8	5	7	3	2		35 ↓ 3 →	3
6 →	6	14 ↓ 20 →	7	3	1	9	14 ↓ 11 →	4	7
43 →	5	7	3	4	6	8	1	9	9 ↓
21 →	9	4	6	2	13 ↓	12 ↓ 22 →	6	7	9
10 →	8	2	28 →	6	4	9	7	2	
3 →	2	1	13 ↓ 6 →	1	2	3	18 ↓ 5 →	5	14 ↓
		6 ↓ 16 →	1	8	7	10 ↓ 22 →	5	8	9
	9 ↓ 14 →	5	9	7 ↓	5 ↓ 13 →	6	7	8 ↓ 5 →	5
43 →	9	1	3	7	5	4	6	8	

#9

	38 ↓	20 ↓	36 ↓	28 ↓	1 ↓	14 ↓		7 ↓	29 ↓
32 →	4	9	3	7	1	8	16 ↓ 13 →	7	6
22 →	3	8	6	5	21 ↓ 11 →	6	5	4 ↓ 5 →	5
25 →	9	3	4	2	7	22 ↓ 15 →	3	4	8
8 →	8	21 →	2	1	4	6	8	9 ↓ 4 →	4
6 →	6	13 ↓ 23 →	9	4	2	8	20 ↓ 10 →	9	1
35 →	1	2	5	9	8	4	6	4 ↓ 2 →	2
13 →	5	1	7	13 ↓	8 ↓ 16 →	1	8	4	3
6 →	2	4	4 ↓ 21 →	6	7	3	5	9 ↓	5 ↓
	18 →	6	4	7	1	15 →	1	9	5

#10

		28 ↓	7 ↓	24 ↓	32 ↓	16 ↓	32 ↓	9 ↓	
	38 ↓ 38 →	8	7	6	1	5	2	9	18 ↓
15 →	9	6	18 ↓ 25 →	8	2	9	6	12 ↓ 2 →	2
45 →	8	5	6	7	3	2	4	9	1
22 →	2	4	7	3	6	11 ↓ 16 →	7	1	8
13 →	6	2	5	24 ↓ 18 →	5	6	1	2	4
8 →	5	3	12 ↓ 24 →	2	8	5	9	10 ↓ 3 →	3
1 →	1	12 ↓ 17 →	4	6	7	9 ↓ 4 →	3	1	15 ↓
22 →	7	4	2	9	1 ↓ 5 →	5	2 ↓ 17 →	9	8
	28 →	8	6	7	1	4	2	7 →	7

#11

	45 ↓			21 ↓	14 ↓	33 ↓	29 ↓	6 ↓	1 ↓
5 →	5	18 ↓	6 ↓ 31 →	9	2	8	5	6	1
42 →	3	9	6	4	8	5	7	6 ↓	23 ↓
6 →	2	4	27 ↓ 29 →	8	1	2	3	6	9
18 →	7	5	6	18 →	3	9	6	22 ↓ 3 →	3
6 →	6	21 ↓ 1 →	1	16 ↓	19 ↓ 17 →	3	8	4	2
35 →	9	1	8	4	7	6	12 →	7	5
28 →	8	3	7	9	1		13 ↓ 7 →	3	4
21 →	1	9	2	3	6	4 ↓ 14 →	6	8	9 ↓
15 →	4	8	3	16 →	5	4	7	9 →	9

#12

	12 ↓	39 ↓		30 ↓	8 ↓	25 ↓	10 ↓	1 ↓	14 ↓
17 →	8	9	14 ↓ 29 →	9	7	4	3	1	5
37 →	4	2	9	8	1	6	7	9 ↓ 9 →	9
	11 →	7	1	3	3 →	3	1 ↓ 2 →	2	19 ↓
	28 ↓ 14 →	3	4	7	27 ↓ 20 →	7	1	3	9
5 →	4	1	17 ↓ 15 →	2	8	5	5 ↓ 11 →	4	7
25 →	8	4	9	1	3	16 ↓ 5 →	5	21 ↓ 1 →	1
17 →	5	8	4	12 ↓ 13 →	5	8	1 ↓ 10 →	8	2
43 →	9	5	3	8	4	6	1	7	
2 →	2	14 →	1	4	7	2	6 →	6	

#13

	11 ↓	30 ↓	18 ↓	37 ↓	29 ↓	16 ↓	13 ↓	1 ↓	11 ↓
45 →	5	8	4	6	7	3	9	1	2
32 →	6	7	9	2	3	1	4	8 ↓ 6 →	6
	23 ↓ 19 →	2	5	1	4	7	33 ↓ 8 →	5	3
12 →	8	4	19 ↓ 23 →	7	6	5	4	1	16 ↓
18 →	4	3	2	8	1	7 ↓ 9 →	6	2	1
36 →	9	6	1	4	8	3	5	8 ↓ 8 →	8
2 →	2	9 ↓ 16 →	7	9	14 ↓ 26 →	4	9	6	7
	3 ↓ 12 →	3	9	2 ↓ 9 →	9	4 ↓ 3 →	1	2	9 ↓
9 →	3	6	19 →	2	5	4	8	9 →	9

#14

	45 ↓	19 ↓	16 ↓	7 ↓	21 ↓	17 ↓		25 ↓	38 ↓
30 →	8	3	2	7	1	9	3 ↓ 17 →	8	9
20 →	3	8	9	30 ↓ 16 →	4	2	3	6	1
36 →	9	1	5	8	7	6	11 ↓ 8 →	5	3
12 →	5	7	2 ↓ 13 →	4	9	17 ↓ 10 →	4	1	5
6 →	6	5 ↓ 5 →	2	3	16 ↓ 27 →	9	7	3	8
12 →	7	5	16 ↓ 21 →	6	8	7	16 ↓ 6 →	2	4
2 →	2	9 ↓ 27 →	7	9	6	1	4	13 ↓ 2 →	2
7 →	1	2	4	1 ↓ 2 →	2	1 ↓ 18 →	5	7	6
17 →	4	7	5	1	14 →	1	7	6	

#15

	5 ↓	8 ↓	4 ↓	24 ↓	19 ↓	29 ↓		26 ↓	5 ↓
32 →	3	8	1	4	7	9	26 ↓ 8 →	7	1
2 →	2	18 ↓ 39 →	3	2	9	6	7	8	4
	25 ↓ 2 →	2	10 ↓ 18 →	7	3	5	2	1	8 ↓
17 →	1	5	3	8	20 ↓ 23 →	7	8	6	2
45 →	5	1	7	3	8	2	9	4	6
13 →	6	7	14 ↓	1 ↓ 1 →	1	19 ↓	7 ↓	14 ↓	
39 →	2	3	8	1	9	5	7	4	10 ↓
8 →	8	5 →	5	2 ↓ 8 →	2	6	7 ↓ 15 →	8	7
3 →	3	3 →	1	2	20 →	8	7	2	3

#16

	42 ↓		21 ↓	34 ↓	14 ↓	9 ↓	15 ↓	38 ↓	1 ↓
8 →	8	35 →	3	5	8	7	2	9	1
5 →	5	18 ↓ 23 →	7	6	4	2	1	3	10 ↓
21 →	1	6	4	8	2	4 ↓ 20 →	9	7	4
17 →	7	5	2	3	27 ↓ 14 →	4	3	6	1
23 →	6	4	5	1	7	21 ↓	21 ↓ 13 →	8	5
7 →	4	3	19 ↓ 22 →	4	9	3	1	5	13 ↓
9 →	9	11 ↓ 31 →	3	7	8	4	9	3 ↓ 3 →	3
17 →	2	6	9	6 ↓ 26 →	1	5	8	3	9
	32 →	5	7	6	2	9	3	1 →	1

#17

	12 ↓	35 ↓	32 ↓	13 ↓	2 ↓	7 ↓	26 ↓	14 ↓	31 ↓
45 →	5	9	4	3	2	7	8	6	1
23 →	7	8	6	2	29 ↓	11 ↓ 20 →	5	8	7
	27 ↓ 29 →	5	2	1	8	7	6	3 →	3
39 →	6	2	8	7	9	4	3	8 →	8
15 →	2	4	9	17 ↓ 7 →	7	16 ↓ 4 →	4	12 ↓ 2 →	2
26 →	1	7	3	4	5	6	13 ↓ 6 →	2	4
3 →	3	16 ↓	8 ↓ 5 →	5	5 ↓ 27 →	8	9	4	6
42 →	7	9	5	8	1	2	4	6	1 ↓
18 →	8	7	3	4 →	4			1 →	1

#18

	45 ↓	37 ↓	11 ↓	24 ↓	5 ↓	11 ↓	18 ↓		11 ↓
32 →	2	1	4	3	5	8	9	44 ↓ 3 →	3
19 →	3	2	5	9	3 ↓ 18 →	3	2	7	6
21 →	5	7	2	6	1	8 ↓ 17 →	7	8	2
9 →	6	3	18 ↓ 8 →	5	2	1	20 ↓ 5 →	5	19 ↓
12 →	4	5	2	1	16 ↓ 26 →	7	9	2	8
10 →	1	4	5	9 ↓ 9 →	9	9 ↓ 17 →	2	9	6
45 →	9	6	8	7	2	3	1	4	5
44 →	7	9	3	2	5	4	8	6	9 ↓
8 →	8				2 →	2	12 →	3	9

#19

	31 ↓	31 ↓	22 ↓	23 ↓	28 ↓		16 ↓	8 ↓	
27 →	5	9	6	3	4	8 ↓ 11 →	3	8	9 ↓
34 →	3	5	7	1	6	8	4	34 ↓ 1 →	1
29 →	7	8	9	4	1	6 ↓ 23 →	9	6	8
7 →	1	6	7 ↓ 19 →	5	8	6	24 ↓ 8 →	8	11 ↓
31 →	4	3	7	8	9	16 ↓ 13 →	4	7	2
9 →	9	19 ↓	10 ↓ 2 →	2	14 ↓ 20 →	2	9	4	5
14 →	2	7	5	8 ↓ 21 →	1	5	8	3	4
	3 ↓ 36 →	4	1	6	8	9	3	5	7 ↓
22 →	3	8	4	2	5		8 →	1	7

#20

	45 ↓	19 ↓	33 ↓	32 ↓	10 ↓	28 ↓	4 ↓	40 ↓	
40 →	9	3	7	6	1	8	4	2	23 ↓
33 →	8	1	6	5	9	4	11 ↓ 9 →	3	6
19 →	4	7	5	3	26 →	7	4	6	9
20 →	2	8	9	1	17 ↓ 20 →	9	2	1	8
5 →	5	20 ↓ 15 →	2	9	4	6 ↓ 9 →	5	4	13 ↓
28 →	1	7	4	8	3	5	18 ↓ 11 →	9	2
8 →	7	1	16 ↓	6 ↓ 29 →	8	1	9	7	4
24 →	3	4	9	6	2	4 ↓ 17 →	3	8	6
21 →	6	8	7		10 →	4	6	1 →	1

Made in United States
Orlando, FL
12 December 2022

26437162R00089